金延林 編著

中國社會科學院
世界宗教研究所
文博館珍藏古籍圖録

社會科學文獻出版社
SOCIAL SCIENCES ACADEMIC PRESS (CHINA)

中國社會科學院創新工程學術出版資助項目

目録

經部文獻

韓詩外傳……三
詩　說……七
大戴禮記……一二
儀禮注……一六
儀禮鄭注……二〇
宋撫州本禮記鄭注……二四
春秋繁露……二九
春秋五禮例宗……三三
周易乾鑿度……三七
春秋存俟……四一
經典釋文……四五
洪武正韻……四九

史部文獻

南唐書……五五
古列女傳……五九
新刻古列女傳……六三
康熙四十五年登科録……六八
存信録……七二
康熙五十一年會試録……七六
水南翰記……八〇
畢氏恩綸録……八四
淮鹺本論……八八
江蘇巡撫林則徐馬政奏册……九三
黃山志定本……九七
愛日精廬藏書志……一〇一

新刻全像海剛峰先生居官公案……一七七
福壽全書……一八一
庚子銷夏記……一八六
擇吉會要……一九一
百孝圖説……一九五

子部文獻

白虎通德論……一〇九
太玄經解贊……一一三
鬼谷子……一一七
律吕原音……一二一
封氏聞見記……一二六
匡謬正俗……一三〇
唐摭言……一三四
北夢瑣言……一三八
文昌雜録……一四三
賓退録……一四六
容齋五筆……一五二
吕氏家塾讀詩記……一五六
丙丁龜鑒……一六一
玉堂叢語……一六七
蘇長公外紀……一七二

集部文獻

蔡中郎集……二〇三
曹子建集……二〇七
沈隱侯集……二一一
玉臺新詠……二一五
玉川子詩集……二一九
李文公集……二二三
孟東野詩集……二二七
中興間氣集……二三一
忠愍公詩集……二三五
斜川集……二三九

目録

西陂類稿……二四三
金仁山文集……二四七
詩話總龜前集……二五一
月泉吟社……二五五
淵穎吴先生集……二五九
邊華泉集……二六五
六研齋筆記……二六九
矢音集……二七三
詞致録……二七七
曝書亭集……二八一
笛漁小稿……二八六
元寶媒……二八九
一笠庵四種曲……二九三
堯峰文鈔……二九七
碧簫詞……三〇一

經部文獻

韓詩外傳

《韓詩外傳》十卷，漢韓嬰撰。綫裝四册。版框高18.3釐米，廣28.8釐米。

韓嬰，燕人。漢文帝時以治《詩》爲博士，景帝時出任常山王太傅。韓詩以傳授者姓氏命名，兩漢時與齊詩、魯詩并列學官。《史記·儒林列傳》載韓嬰：『推《詩》之意而爲内、外傳數萬言，其語頗與齊魯間殊，然其歸一也。』《漢書·藝文志》著録『《韓外傳》六卷』，《隋書·經籍志》《新唐書·藝文志》則爲十卷，《隋書·經籍志》載：『《齊詩》魏代已亡；《魯詩》亡於西晉；《韓詩》雖存，無傳之者。唯《毛詩鄭箋》，至今獨立。』故此十卷本《韓詩外傳》當非韓嬰原著，蓋經隋、唐間《韓詩》學者補充修改而成。《四庫全書簡明目録》載：『其書雜引古事古語，證以詩辭，與經義不相比附。所述多與周秦諸子相出入。班固稱三家之詩「或取春秋，采雜説，咸非其本義」，或指此類歟？』

是書《序》中載『嘉靖十八年歲在己亥孟秋之吉，賜進士奉政大夫浙江提刑按察司僉事』，又有江西按察司僉事錢塘楊祜《序》亦稱『嘉靖十有八年十一月五日』，且稱『歷下薛子汝修嗜古而文，於《韓詩外傳》獨傾心焉，爰刻以傳同好』，書後有薛來《跋》稱『嘉靖己亥秋八月望月泉薛來書於芙蓉泉之秋月亭』，可知此本爲嘉靖十八年（1539）薛來（汝修）芙蓉泉書屋刻本。

是書每半葉八行，行十五字，雙行小字同。左右雙邊，白口，單魚尾。版心中部鐫刻書名卷數及葉碼，下部鐫刻『芙蓉泉書屋』文字。卷内部分書葉有斷版情況。正文每卷卷首題『韓詩外傳卷第幾』，次行題『漢韓嬰撰』。正文每段首行頂格，次行以後低一格刊刻，眉目分明。且於每卷末葉標明書名卷次。其著作體例并非是對《詩經》的解釋或論述，而是先叙述一段故事，然後在『傳曰』之後發表一番議論。薛來跋中介紹刊刻始末：「閱書家塾，得先君子所藏《韓詩外傳》，取而讀之，其事肆，其變備，其義微，當爲漢人之書無疑也。乃以質之鵠湖子，鵠湖子曰：「固遺書也。」因復梓之。』其目的是『使凡讀經者取焉，猶可以翼道也』。

本書《序》葉鈐有『鄧林堂』白文方印、『趙氏元方』朱文方印，『韓嬰小傳』葉鈐有『曾植私印』白文方印、『秀州沈氏』朱文方印、『曾在趙元方家』朱文長方印。卷一首葉鈐有『章之氏』白文方印、『羅大章印』白文方印、『鈁』朱文方印以及『北京市文物管理處藏書』白文長方印等。

沈曾植（1850~1922），字子培，號巽齋，別號乙盦，晚號寐叟，晚稱巽齋老人、東軒居士，浙江嘉興人。爲學兼宗漢宋，而尤深于史學掌故。藏書頗富，先後積書達三十萬卷，有宋刊元刊近百種，方志和鄉邦文獻百餘種，康熙、乾隆刻本最富。藏書樓有『海日樓』『全拙庵』『護德瓶齋』等，編有《海日樓藏書目》一册。

趙鈁（1905~1984），字元方。光緒時軍機大臣榮慶之孫，姓鶚卓爾氏，蒙古正黃旗人，世居北京。抗戰前後移居天津，任天津中南銀行副理，新中國成立後遷居北京，任中國人民銀行參事室參事。受業於吴江沈兆奎，通版本目録之學。赵氏素愛古籍，其收藏多宋、金、元、明著名刻本，尤喜收藏明代銅活字印本，主不稱意之贋本即散出，因而藏量雖不甚多，但皆精本。藏書室名『無悔齋』。藏書印有『曾在趙元方家』『趙鈁』『趙鈁珍藏』『人生一樂』『元方審定』『無悔齋藏』『無悔齋校讀記』『一廛十駕』『曾居無悔齋中』『依緑軒印』『趙元方考藏善本書籍』。新中國成立後，赵氏擇其精本，獻給北京圖書館，多是罕傳善本。趙氏所藏除此本《韓詩外傳》外，尚有明野竹齋刻本《韓詩外傳》，今藏於美國國會圖書館。

韓詩外傳序

文之在世如風行水上變態無定惟載道者可貴也外此藝焉爾六經之文渾涵如天萬象森列不可尚已至孔孟繼六經而作其文廣大淵弘中間毋取易詩書中之要語而推廣之闡幽微顯巨盡其蘊則道從此出矣夫何韓嬰處乎漢孝文之世遭秦火絕學之餘廼能衍

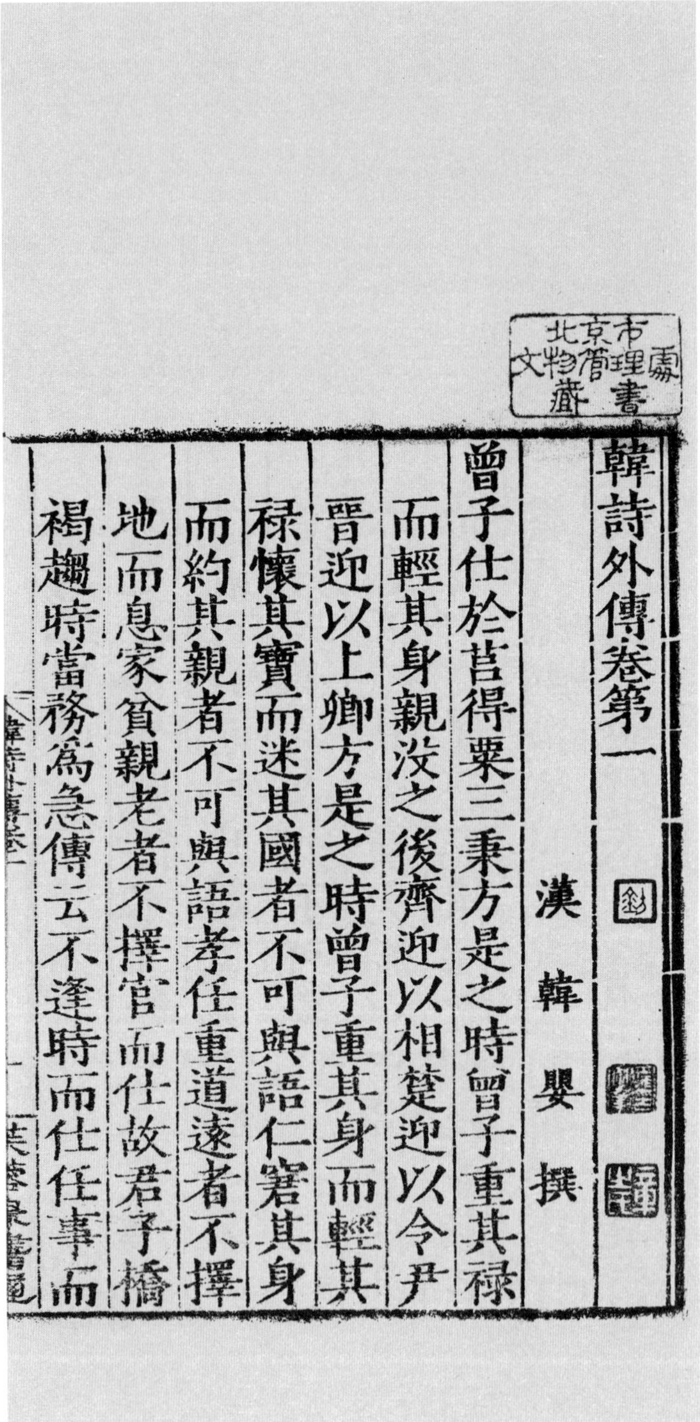

韓詩外傳卷第一

漢 韓嬰 撰

曾子仕於莒得粟三秉方是之時曾子重其祿而輕其身親沒之後齊迎以相楚迎以令尹晉迎以上卿方是之時曾子重其身而輕其祿懷其寶而迷其國者不可與語仁窘其身而約其親者不可與語孝任重道遠者不擇地而息家貧親老者不擇官而仕故君子橋褐趨時當務為急傳云不逢時而仕任事而

詩說

《詩説》十二卷，宋劉克撰。四册。

劉克，信安人。朱彝尊《經義考》云：『《宋志》及焦氏《經籍志》、朱氏《授經圖》均未之載。崑山徐氏傳是樓有藏本，乃宋時雕刻，昔第二、第九、第十卷都闕，前有《總説》，楮尾吴匏庵先生題識尚存。克，信安人。』錢天樹、汪士鐘都藏有此種版本。錢天樹于道光年間從郡城陳氏假得舊抄本録之，并據此將宋本卷二補齊，尚闕第九、第十兩卷。汪士鐘亦據錢氏所得抄本補録卷二。

是書封面印有『道光戊子仲冬重刊』，孫保安序：『閬原因出所藏舊本屬余影寫一通，以所借第二卷屬爲仿宋本寫之，重付梨棗』，『道光八年戊子仲冬二日平江孫保安識』。知此書爲道光八年（1828）汪閬原屬孫保安影刻。末附錢天樹跋。

是書版框高22.2釐米，廣28.8釐米。每半葉九行，《經》每行二十二字，《説》每行二十一字，間有損益一二字者，字體介於歐、柳之間，左右雙邊，白口，雙魚尾，上魚尾下方刻卷數，下魚尾下方刻葉碼及刻工姓名之簡稱，如『光禮』『青』『春』『章』『俊』等。錢跋曰：『宋槧本舊抄本《經》二十二字，《説》二十一字，無損益。《日月》章《説》内第三行首缺五字，又第六行缺一字，不敢任意增减，一遵舊抄本補入。』此本《日月》章《説》第四行闕五字，第七行缺一字，或爲錢氏誤數行數。

每卷卷首題『《詩説》卷第幾』，次行題『信安劉克學』，《詩》題及原文每行頂格，《説》低一格。篇末亦標明書名卷次。《説》之體例，汪士鐘跋：『故後之作者，疏通證明，足以羽翼經傳，其説不可不存，而諸家聚訟，亦在所不免。劉氏纂輯每篇條例諸家解，而係己意於後，示不敢去取也。』

是書于孫保安《序》葉鈐趙烈文『天放樓』朱文方印、韓泰華『韓氏藏書』白文方印，天頭有隸書『精本』二朱字，右邊朱書小楷『光緒丁丑十月子謹購回』『四本一函』『天放樓記』；《序》末刻『保安』陰文方印、『聖父』陽文方印；《詩説序》葉：『天放樓』朱文印，『願讀書室』白文方印；《總説》末葉鈐『陽湖趙烈文字惠父號能静僑于海虞築天放樓收庋文翰之迹』朱文長方印；卷一首葉：『曾在趙元方家』朱文長方印；卷十一首葉：『趙鈁』白文方印，『元方』朱文方印，『韓氏藏書』；第十二卷末：『子謹』白文隨形章；末葉鈐『無悔齋』朱文長方印，『趙氏元方』朱文方印，『韓泰華印』，并刻『汪士鐘印』白文方印，『朗園』陽文方印。又每卷首末分别鈐『天放樓』『陽湖趙烈文字惠父號能静僑于海虞築天放樓收庋文翰之迹』。據藏書印知其曾爲韓泰華、趙烈文、趙鈁所藏。

韓泰華，字小亭。浙江錢塘人，築『玉雨堂』以藏書，藏書甚富，有元人文集百餘種。著有《玉雨堂叢書》。

趙烈文（1832~1893），字惠甫，號能静居士，江蘇陽湖（常州）人，爲曾國藩、曾國荃幕僚。室名天放樓、見微書屋、能静居、落花春雨巢等。著有《天放樓集》《能静居士日記》《落花春雨巢日記》等。

精本

光緒丁丑十月予謹購四本一函 天放樓記

汪閬原觀察家藏宋槧劉氏詩説舊闕第二
第九第十計三卷久欲重雕公諸海内終以殘
闕爲憾留心購訪者積有年矣適鈕君非石從
嘉興錢君夢廬處借得鈔本其跋云郡城陳氏
舊鈔本詩説止存第一至第六卷宋槧本所闕
第二卷在焉閬原因出所藏舊本屬余影寫一
通以所借第二卷屬爲仿宋本寫之重付棃棗
第二卷中有數字可疑或係傳寫之誤不敢臆

詩說卷第一

信安劉 克學

周南關雎　國風

關關雎鳩在河之洲窈窕淑女君子好逑參差荇菜左右流之窈窕淑女寤寐求之求之不得寤寐思服悠哉悠哉輾轉反側參差荇菜左右采之窈窕淑女琴瑟友之參差荇菜左右芼之窈窕淑女鐘鼓樂之

雎鳩之爲物其豐鎬間之羽屬乎豈必天下之所通有哉鸜鵒之來巢于魯聖人盖以爲異矣姑以羽屬言之

不以多取爲利詩人所以歎美之騶虞以多得爲利也
猶若此見文王之化行於小夫賤隸不要約而信也宓
子賤之化單父猶能使夜漁之格況文王之時乎此理
甚正而順亦聖經之正誼也

詩說卷第一

成化丁未七月十又九日雨過新凉襲人閒閲半
餉三日後復遍觀一過因書以紀歲月云　寛

大戴禮記

《大戴禮記》十三卷，漢戴德撰，綫裝三册。版框高18.2釐米，廣28.2釐米。

是書爲乾隆二十年（1755）盧見曾雅雨堂刻本，前有盧見曾乾隆戊寅年序，謂『余家召弓太史於北平黄夫子家借得元時刻本以校今本之失，十得二三，注之爲後人刊削者亦得據以補焉。有與其友休寧戴東原震氾濫群書參互考訂，既定而以貽余』。又有宋韓元吉淳熙乙未年之序及元鄭元祐至正甲午年序。目録後有戴震乾隆丁丑年作《校大戴禮記目録後語》，并《校定大戴禮記凡例》，則此本乃盧見曾據盧文弨、戴震校定本而刻。

是書半葉十行，每行二十一字，小字雙行同，白口，單魚尾，四周單邊。版心上部刻書名，下部刻卷數、葉碼，及『雅雨堂』文字。

是書每卷卷首題『大戴禮記卷第某』，次行題『周尚書右僕射范陽公盧辯注』。正文大字頂格書寫，雙行小字夾注。凡戴震之説，皆以『案』字表明，其將舊本注中摻雜之内容與盧辯注相混者分出，皆以『○』表明，眉目分明。每卷末行題『大戴禮記卷第某』。

戴德爲漢武帝、宣帝時禮學家，與戴聖學禮於慶普，傳后倉之禮，并稱二戴。戴德作《大戴禮記》事不見於《漢書》，而首見於鄭玄《六藝論》，謂『戴德傳《記》八十五篇，《大戴禮》是也。戴聖傳禮四十九篇，則此《禮記》是也』。武帝時，河間獻王壞孔子宅，得古文《記》。《經典釋文・序録》以爲戴德删古文《記》而成《大戴禮》，戴聖又删《大戴禮》而成《禮記》。錢大昕以爲，《大戴記》八十五篇，《小戴記》四十六篇，符合古文《記》

百三十一篇之數。王國維又以爲，大小戴各取古文《記》内容而成書。但大小戴《記》内容有交叉，則錢大昕説有誤。西漢民間早有單篇之《記》文流傳，且二戴受學於慶普，若謂二人所輯之《記》全出古文，則恐與實情不符。今傳之《大戴記》内容龐雜，有承襲西漢今文禮學者，有取於古文逸禮者，則其成書，或遲至東漢，而亦非戴德親自編訂，當是在流傳過程中融合今古而成的文本。此書自隋唐始，已經無完本，四十六篇亡佚，現存三十九篇。現存最早的注本爲北周盧辯所著，而自唐至明，研究《大戴禮》者甚少，至清代纔有學者重新關注，有孔廣森《大戴禮記補註》、王聘珍《大戴禮記解詁》等。

盧見曾（1690~1768），字抱孫，號雅雨，又號道悦子，山東德州人。明代藏書家盧世㴶重孫。康熙六十年（1721）進士。曾官兩淮鹽運使。書樓名『雅雨堂』，增益先祖舊藏，有珍秘善本數十種。著有《雅雨堂詩文集》等，刻有《雅雨堂叢書》等。

本書無藏印。

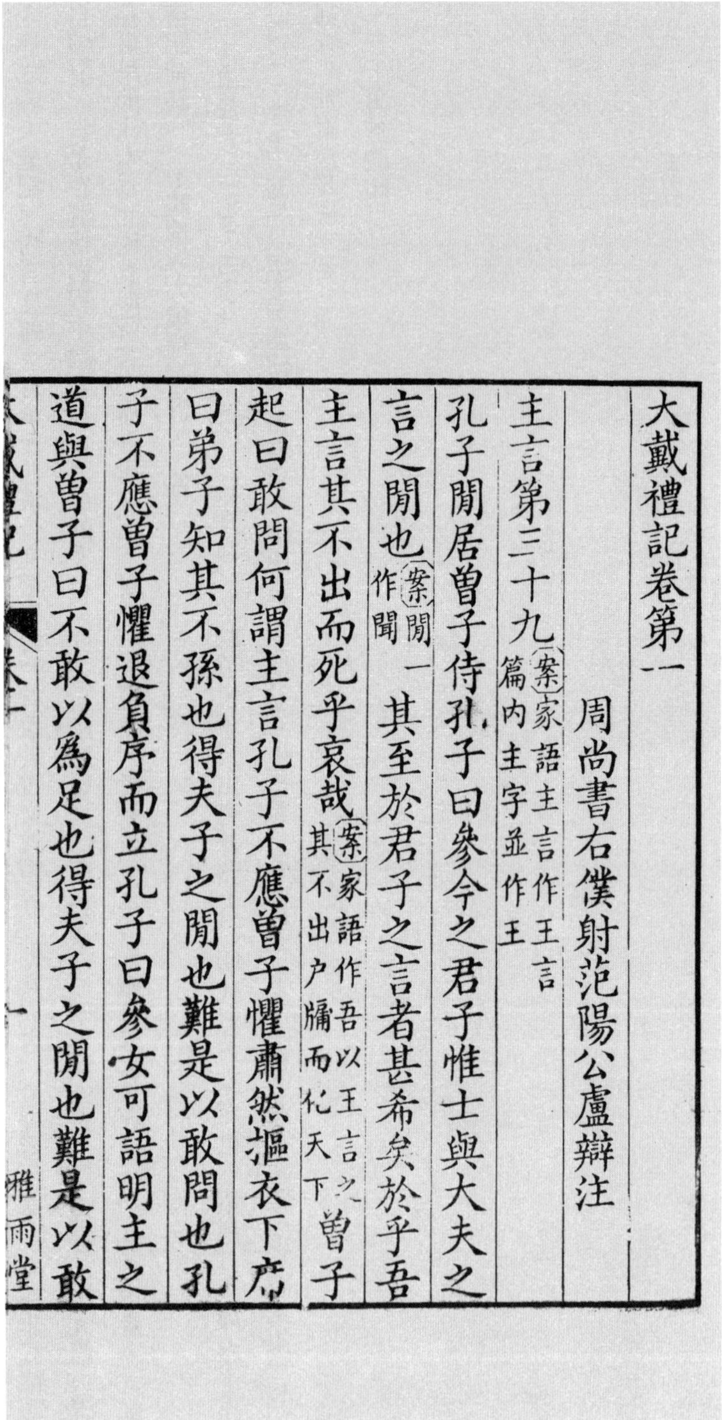

大戴禮記卷第一

周尚書右僕射范陽公盧辯注

主言第三十九（案家語主言作王言篇內主字並作王）

孔子閒居曾子侍孔子曰參今之君子惟士與大夫之言之閒也（案閒一作聞）其至於君子之言者甚希矣於乎吾主言其不出而死乎哀哉（案家語作吾以王言之其不出戶牖而化天下）曾子起曰敢問何謂主言孔子不應曾子懼肅然摳衣下席曰弟子知其不孫也得夫子之閒也難是以敢問也孔子不應曾子懼退負序而立孔子曰參女可語明主之道與曾子曰不敢以為足也得夫子之閒也難是以敢

大戴禮記　卷一　一　雅雨堂

宰地宜不殖財物不蕃萬民飢寒教訓失道風俗淫僻百姓流亡人民散敗曰危也危則飭司徒父子不親長幼無序君臣上下相乖曰不和也不和則飭宗伯賢能失官爵功勞失賞禄爵禄失則士卒疾怨兵弱不用曰不平也不平則飭司馬刑罰不中暴亂姦邪不勝曰不成也不成則飭司寇百度不審立事失理財物失量曰貧也貧則飭司空冢宰掌六典司徒掌十二教宗伯掌五禮司馬掌九伐司寇掌五刑小宰職曰一曰治職以平邦國以均萬民以節財用二曰教職以安邦國以寧萬民以懷賓客三曰禮職以和邦國以諧萬民以事鬼神四曰政職以服邦國以正萬民以聚百物五曰刑職以詰邦國以糾萬民以除盜賊六曰事職以富邦國以養萬民以生百物司馬之屬司勳掌六鄉之賞地以等其功又司士之官掌羣吏之數以詔

儀禮注

《儀禮注》十七卷，鄭玄注。線裝四册。版框高19.2釐米，廣28.3釐米。

是書無序跋。據傳爲明嘉靖中吴郡徐氏刻《三禮注》本。此本見於多家著録，版式行款均與是書相同。今中國國家圖書館所藏張敦仁校并録，顧廣圻、段玉裁校本《儀禮注》亦與是書同。顧廣圻《思適齋書跋補遺》直稱此爲吴郡徐氏刻本，云：『此正自嚴州本出，與宋槧未達一間耳。善讀者必知其佳也。』陳鱣《經籍跋文》云：『《儀禮鄭注》十七卷，明翻宋刻本。疑出於宋天聖以前本，相傳爲明嘉靖間徐翻刻宋本《三禮》，此其一也。』《善本書讀書志》云：『此書相傳爲明嘉靖間徐氏翻刻宋本《三禮》此其一也。』葉德輝《書林清話》云：『徐刻三禮罕見，黄丕烈士禮居仿刻之《周禮注》亦其一也。蓋三禮皆據宋本，與武英殿仿岳氏五經之一《禮記》，行字相同。但岳本有釋音，徐本無釋音，以此爲異。吾藏明刻《儀禮》與此同。』傳增湘《藏園群書經眼録》云：『《儀禮注》十七卷，漢鄭玄注。明嘉靖間徐氏覆刻岳氏本。』學者多以爲此本乃嘉靖徐氏翻宋刻而成。

是書半葉八行，行十七字，小字雙行同，白口，四周雙邊。單魚尾。版心魚尾下題書名卷數『儀禮某（卷）』，下記當卷葉碼。

是書每卷頂格首題『儀禮卷第某』，次行頂格題篇名，空二或三字題『儀禮』，又空二字題『鄭氏注』。第三行正文大字頂格書寫，雙行小字夾注。卷末題『儀禮卷第某』，并夾注本卷經、注之字數。

有『曾在趙元方家』朱文長方形鈐印及『一廛十駕』朱文正方形印，可知爲趙鈁舊藏。

吴郡徐氏刻《三禮注》本，清儒多有收藏。顧千里跋此本云：『此正從嚴州本出，與宋槧未達一間耳，善讀者必知其佳也。』楊氏海源閣藏有此本，然誤以爲宋嚴州本。段玉裁、繆荃孫、葉德輝又以之爲影岳本。據張政烺考證，相台岳氏因廖氏九經（《周易》《尚書》《毛詩》《周禮》《禮記》《春秋經傳集解》《孝經》《論語》《孟子》）增刻《春秋公羊經傳解詁》《春秋穀梁傳》二傳，并未刊行《儀禮》，則此本所祖不當爲岳本。葉德輝曾校嚴本與此本，兩本互有異同。今人張文本顧廣圻説，以爲顧氏以石經、嚴本、徐本校勘《儀禮》，其所言必有所據。而張淳《儀禮識誤》，其所稱嚴本者十數條，徐本皆與之同，又嚴本、徐本之訛誤，亦多有相同者，認爲嚴州本與徐本淵源之深，二者之間必有版本傳承關係。

儀禮卷第一

士冠禮第一　儀禮　鄭氏注

士冠禮筮于廟門筮者以蓍問日吉凶於易冠必筮日於廟門者重以成人之禮成子孫也廟謂禰廟不於堂者嫌蓍之靈由廟神主人玄冠朝服緇帶素韠即位于門東西面主人將冠者之父兄也玄冠委貌也朝服者十五升布衣而素裳也衣不言色者衣與冠同也筮必朝服者尊蓍龜之道緇帶黑繒帶也士帶博二寸再繚四寸屈垂三尺素韠白韋韠長三尺上廣一尺下廣二尺其頸五寸肩革帶博二寸天子與其臣玄冕以視朔皮弁以視朝諸侯與其臣

儀禮卷第二

士昏禮第二

儀禮　鄭氏注

昏禮下達納采用鴈達通也將欲與彼合昏姻必先使媒氏下通其言女氏許之乃後使人納其采擇之禮用鴈爲摯者取其順陰陽往來詩云取妻如之何匪媒不得昏必由媒交接設紹介皆所以養廉恥主人筵于戶西西上右几主人女父也筵爲神布席也戶西者尊處將以先祖之遺體許人故受其禮於禰廟也席西上右設几神不統於人席有首尾使者玄端至使者夫家之屬若羣吏使往來者玄端士莫夕之服又服以事其廟有司緇裳擯者出請

儀禮鄭注

《儀禮鄭注》十七卷，漢鄭玄注。綫裝二册，版框高21.2釐米，廣30.2釐米。

是書爲嘉慶二十年黄丕烈士禮居影宋嚴州本。宋嚴州經注本《儀禮》原爲王敬銘家藏，後歸黄丕烈所有，《黄丕烈書目題跋·百宋一廛録》云：『余於癸丑（1793）歲除得單疏本《儀禮疏》，因思得隴望蜀，欲再得《儀禮注》，以爲雙璧之合。越明年春，果得《儀禮注》于書船友，其實嘉定王狀元敬銘家物也。』顧廣圻爲之校書，定爲宋嚴州本。黄氏據此影刻刊行。黄氏此書『悉存嚴本面目，其中説闕斷壞之字，間據陸、張、賈、李四家書是正完補』，并將其校語附書刊行。今是書乃書賈欲冒僞爲宋本，故僅有正文，不附校語。

是書半葉十四行，每行二十四或二十五字，小字雙行每行三十一至三十三字，白口，單魚尾，左右雙邊。版心刻書名卷次簡稱『儀某某』及當卷葉碼，版心底部亦影刻嚴州本刻工姓名，有陳才、陳先、陳暹、陳盛、丁悦、方逵、方通、方立、方迂、方達、葛珍、黄祥、黄著、劉忠、馬忠、錢忠、任文、沈亮、王德、王華、徐宗、楊思、葉明、張圭諸人。

是書每卷頂格首題『儀禮卷第某』，次行頂格題篇名及『儀禮鄭氏注』。正文大字頂格書寫，雙行小字夾注。卷末題『儀禮卷第某』，并記本卷經、注之字數。

是書封面有趙鈁所題『士禮居景宋刻嚴州本儀禮鄭注』，并有識語云：『得此書已三十年，今日□興題之。乙巳十二月十四日病中。元方。』

是書第一卷首葉有安儀周藏書印及『季振宜印』，然此兩印經趙鈁鑒别，當爲書賈作僞所加。第八卷卷末有趙鈁識語：『此士禮居景宋嚴州本，摹刻精絶，复翁又覓舊薄綿紙印之以孚蟬翼點漆之目，固以爲好之者賞弆之資，非使人眩于黎邱也。當時若此印本必無多作，蓋佳紙難得。如此本上下闌外所餘無幾，即可想見乃後之書估撤去首尾，僞印圖記，其意蓋以充宋刊也。舊時此種欺妄屢見不鮮。前睹涵芬樓藏《周易程傳》殘本，目爲宋刊，細審之乃以古逸叢書刻版染以似此書之紙印之，故爲殘闕，復無收藏印記，其作僞之工又加一等矣。乙巳十二月十四日病中鐙下題記。元方。』并有欽印『鈁』。同葉又有補識：『此書曾爲陸子穎明所借，書中句讀具有師法，但惜其未竟耳。他年退閒，當俾完此墨汁因緣。無悔再識。』可知此書中之句讀乃是陸宗達所加。

《儀禮》經注本最早刻本爲五代監本，宋代亦迭有翻刻。是書影刻自宋嚴州本《儀禮注》。宋嚴州本《儀禮注》，傳爲宋刻之最佳者，張淳曾據是書而作《儀禮識誤》。嚴州本後爲黄丕烈所得，而顧廣圻爲校是書，據張淳《儀禮識誤》所列之嚴州本内容與此比照，以爲兩者相同，故定此本爲嚴州本。顧氏有跋語云：『張忠甫校此書，有監本、巾箱本、杭本、嚴本四種，今《識誤》所存嚴本者十許條，以此本驗之，無一不合，其爲嚴本決然矣。經注之文并未依張更易，後來竄改者亦未由闌入，故可證今本者多也。』宋刻經注本《儀禮注》世所罕見，故黄丕烈重刊此本，於嘉慶乙亥刻成。此本乃是影寫上板，一仍宋本舊貌。黄氏所得嚴州本第十七卷原闕第八、九兩葉，故用明李元陽本補足，旁注云『宋本原闕嘉靖本補刊』。後附《宋嚴州本儀禮經注精校重雕緣起》《嚴本儀禮鄭氏注校録》及《嚴本儀禮鄭氏注續校》。黄氏此刻又收入《士禮居叢書》，清光緒十三年（1887）上海蜚英館曾影刊，民國四年（1915）上海石竹山房又影刊，後收入《叢書集成初編》，又有同治九年（1870）楚北崇文書局重雕本，流布頗廣。

儀禮卷第一

士冠禮第一　儀禮　鄭氏注

士冠禮筮于廟門　筮者以蓍問日吉凶於易也冠必筮日於廟門者重以成人之禮成子孫也廟謂禰廟不於堂者嫌蓍之靈由廟神

主人玄冠朝服緇帶素韠即位于門東西面　主人將冠者之父兄也玄冠委貌也朝服者十五升布衣而素裳也衣不言色者衣與冠同也筮必朝服者尊蓍龜之道緇帶黑繒帶士帶博二寸再繚四寸屈垂三尺素韠白韋韠長三尺上廣一尺下廣二尺其頸五寸肩革帶博二寸天子與其臣玄冕以視朔皮弁以日視朝諸侯與其臣皮弁以視朔朝服以日視朝凡染黑五入為緅七入為緇玄則六入與

有司如主人服即位于西方東面北上　有司羣吏有事者謂主人之吏所自辟除府史以下今時卒吏及假吏是也

筮與席所卦者具饌于西塾　筮所以問吉凶謂蓍也所卦者所以畫地記爻易曰六畫而成卦饌陳也具俱也西塾門外西堂也

布席于門中闑西閾外西面　闑門橛閾閫也古文闑為槷閾為蹙

筮人執筴抽上韇兼執之進受命於主人　筮人有司主三易者韇藏筴之器今時藏弓矢者謂之韇丸也兼并也進前也自西方而前受命者當知所筮也

宰自右少退贊命　宰有司主政教者自由也贊佐也命告也佐主人告所以筮也少儀曰贊幣自左詔辭自右

筮人許諾右還即席坐西面卦者在左　即就也東面受命右還北行就席卦者有司主畫地識爻者

卒筮書卦執以示主人　卒已也書卦者筮人以方寫所得之卦也

主人受眡反之　反還也

筮人還東面旅占卒進告吉　旅衆也還與其屬共占之古文旅作臚也

若不吉則筮遠日如初儀　遠日旬之外

徹筮席　徹去

此古礼居景宋嚴州本摹刻精绝复以羽又翦舊薄棉紙印之以学蟫翼點漆之目固足為好之書者賞弄之資非使人眩于蔡郎也當時若此印本必無多佳蓋佳紙難得如此本上下闌外所餘無幾即可想見乃後之書估撤去首尾偽印圖記其意蓋足充宋刊也舊時此種欺妄屢見不鮮前觀涵芬舊藏周易程傳殘本目為宋刊細審之乃以古逸叢書刻版梁以似此書之紙印之故為殘闕復無收藏印記其作偽之工又加一等矣

乙巳十二月十四日病中鐙下題記 元方

此書曾為陸子穎明所借書中句讀具有師法但惜其未竟耳他年退閒當俾完此墨汁因緣 元悔再識

宋撫州本禮記鄭注

《宋撫州本禮記鄭注》二十卷，并《釋文》四卷，《考異》二卷，鄭玄注。線裝四册。版框高20.5釐米，廣30.5釐米。

是書題『嘉慶丙寅陽城張氏影摹重彫』，《撫本鄭注禮記考異序》又題『嘉慶十一年八月陽城張敦仁序』，《考異》末顧廣圻跋又題『嘉慶十一年十月』。《釋文》前三卷題『嘉慶丙寅五月陽城張氏重彫』，末卷題『嘉慶丙寅六月陽城張氏重彫』。《禮記鄭注》各卷末又載『嘉慶乙丑十二月陽城張氏影摹宋本重彫』『嘉慶丙寅正月陽城張氏影摹宋本重彫』『嘉慶丙寅二月陽城張氏影摹宋本重彫』『嘉慶丙寅三月陽城張氏影摹宋本重彫』『嘉慶丙寅四月陽城張氏影摹宋本重彫』『嘉慶丙寅五月陽城張氏影摹宋本重彫』『嘉慶丙寅六月陽城張氏影摹宋本重彫』『嘉慶丙寅七月陽城張氏影摹宋本重彫』，知此板乃張敦仁（1754~1834）嘉慶十一年（1806）所雕而成。刊刻工作始於嘉慶十年（1805）十二月，完成於嘉慶十一年十月。最晚完成刊刻部分當是二卷《考異》，《釋文》部分於1806年五六月與《禮記》某部分卷次同刊。

是書半葉十行，《禮記鄭注》行十六字，雙行小字，行二十四、二十五字。《考異》行十六字，雙行小字，行二十四字。四周雙邊，《考異》同。《釋文》左右雙邊。黑魚尾，雙魚尾。烏絲欄。板心中刻書名、卷數。板心下刻葉碼，有刻工名。《釋文》板心下有大黑口。《禮記鄭注》刻工姓名有：余實、江翌、周辛、李杲（杲）、王才、蔡正、陳文、余安、陳昇、陳祥、余中、余俊、余英（英）、劉元（元）、政乃、余字、吴羔、郑才、俞先、鄧成、周俊、蕭韶、余仁、黄珍、李高、陳中、周昂、李三、高文顯、嚴誠（南昌嚴誠）、潘憲、高安國、余堅、吴山、崇仁鄒郁等。板心上書口偶有書工刻字記數。《考異》序末有『劉文奎刻字』。《考異》板心刻『記考上』『記考下』，板心下刻葉碼。顧廣圻《考異》跋板心刻『記跋』。《釋文》板心刻『記音』。

《禮記鄭注》卷首題『禮記卷第幾』。次行頂格題《禮記》篇名與四十九篇次，如『曲禮上第一』『曲禮下第二』，下空二格或四格題『禮記』，再空一或二格題『鄭氏注』。每卷卷末再題『禮記卷第幾』，小字雙行『經〇〇字，注〇〇字』統計各卷字數，再題『嘉慶〇〇〇月陽城張氏影摹宋本重彫』。全書注文依經文章句雙行小字夾注。

是書各卷卷首鈐有趙烈文『天放樓』朱文方印，《釋文》首卷、三卷卷首有天放樓印。《禮記鄭注》第一卷首葉有趙烈文（1832~1894）『烈文之印』朱文方印、『趙氏惠父』白文方印；趙鈁（1905~1984）『元方心賞』白文方印；影刻上板的徐乾學『乾學』方印、『徐健菴』白文方印；顧汝修『顧汝修印』白文方印；張敦仁『陽城張氏省訓堂經籍記』長方印。各卷末有影刻上板的『張敦仁讀過』長方印，顧廣圻『廣圻審定』方印。第二卷卷首有『曾在趙元方家』朱文方印。《考異》下卷末有影刻上板的顧廣圻『顧廣圻印』白文方印、『思適齋』方印。

是書刊刻底本，據顧廣圻跋『往者家從兄抱冲收善本經籍，將次第刊行之，不及而没。其收得各種，皆廣圻預審定者也。去年，廣圻道過揚州時，陽城張古餘先生在郡，見詢群經轉刻源流，廣圻因歷舉凡先後所見以對。此撫州《禮記鄭注》其一也。先生借而校之、鈔之，遂復刻之。恐是非莫决，又附考異二卷』可知，此書原爲顧廣圻從兄顧之逵（1752~1797）舊藏撫本《禮記鄭注》，後借與張敦仁（1754~1834）摹抄影刻而成。據藏本朱印可知，此書經過晚清江蘇陽湖藏書家趙烈文收藏，後又經近代藏書家趙鈁收藏。

《禮記》内容爲先秦、西漢以來儒者禮學作品，雖不能與《儀禮》在漢代作爲禮經之地位相比，但也受到漢代經師的重視和整理。唐代編纂《五經正義》採西漢戴聖所編四十九篇爲《禮記正義》，戴德所編八十五篇遂於隋唐後逐漸散佚，今存《大戴禮記》三十九篇。南宋《禮記》刊本有經注本和注疏合刻兩種重要體式，另外《經典釋文》的合刊也有附刊、各卷合刊、章句合刊等體式。本書爲張敦仁影刻南宋淳熙四年（1177）二月撫州公使庫『新刊禮記二十卷并釋文四卷』，屬於『《禮記》經注本附《經典釋文》』的本子。今以通志堂本《經典釋文》校之，知本書所附《釋文》絶非通志堂本，板面多處不同。又據顧廣圻在中國國家圖書館所藏《禮記釋文》跋語，知張氏最初并無撫本《禮記釋文》，所以衹能找某一『通志堂所翻單本』刊刻《釋文》。後來又輾轉得到宋本《釋文》，便在嘉慶二十五年對嘉慶十一年刻本《釋文》進行了修版重印。

張敦仁，字仲篙，一字古餘，號古愚，山西陽城人。清數學家、藏書家。數學、考據經史方面頗有造詣。家富藏書，建書樓『六一堂』，後僑居于江寧（今南京），又建『省訓堂』『與古樓』『藝學軒』以藏書。藏書印有『文章太守』『陽城張氏省訓堂經籍記』『古餘珍藏子孫永保』『陽城張氏與古樓經籍記』『張敦仁讀過』『開卷一樂』『文章太守』等。

禮記卷第一

曲禮上第一

禮記　鄭氏注

曲禮曰：毋不敬，（禮主於敬）儼若思，（儼，矜莊貌。人之坐思，貌必儼然。）安定辭，（審言語也。易曰：言語者，君子之樞機。）安民哉！（此上三句可以安民，說曲禮者美之云耳。）敖不可長，欲不可從，志不可滿，樂不可極。（四者慢游之道，桀紂所以自禍。）賢者狎而敬之，（狎，習也，近也。謂附而近之，習其所行也。月令曰：雖有貴戚近習。）畏而愛之。（心服曰畏。曾子曰：吾先子之所畏。）愛而知其惡，憎而知其善。（謂凡與人交，不可以己心之愛憎，誣人之善惡。）積而能散，（謂己有蓄積，見貧窮者，則當能散以賙救之，若宋樂氏。）安安而能遷。（謂己今安此之安，圖後有害，則當能遷。晉舅犯與姜氏醉重耳而行，近之。）臨財毋苟得，（爲傷廉也。）臨難毋苟免。（爲傷

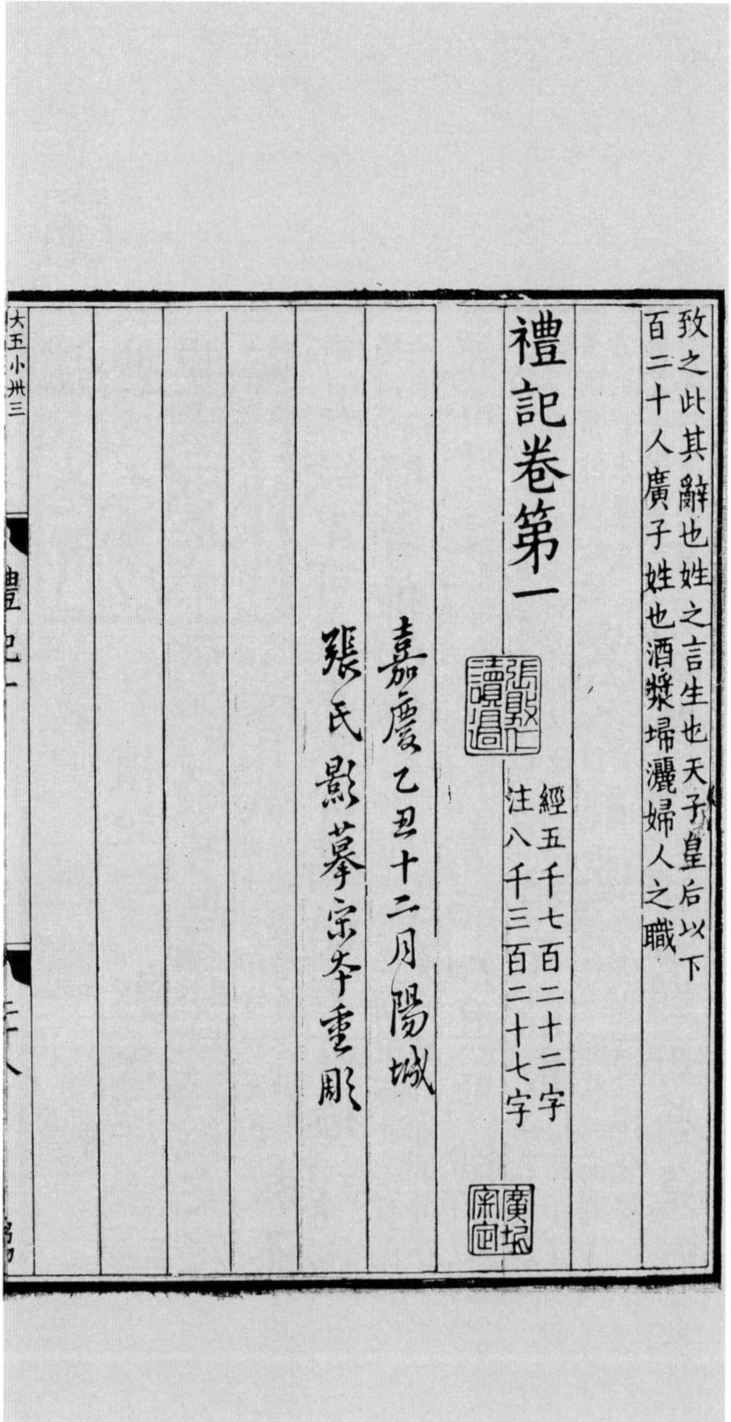
致之此其辭也姓之言生也天子皇后以下百二十人廣子姓也酒漿埽灑婦人之職

禮記卷第一

張敦仁讀過

經五千七百二十二字
注八千三百二十七字

廣圻審定

嘉慶乙丑十二月陽城
張氏影摹宋本重彫

春秋繁露

《春秋繁露》十七卷，汉董仲舒撰。線裝四册。版框高20釐米，廣28.6釐米。

董仲舒（前179~前104），西漢思想家、政治家、今文經學大師，漢廣川郡（今河北棗强縣舊縣村）人。漢景帝時博士，講授《公羊春秋》。漢武帝元光元年（前134），武帝下詔徵求治國方略，董仲舒在《舉賢良對策》中系統地提出了『天人感應』『大一統』學説和『罷黜百家，獨尊儒術』的主張，爲武帝所採納，使儒學成爲中國社會正統思想。

據《漢書·董仲舒傳》記載，董仲舒『説《春秋》事得失，《聞舉》《玉杯》《蕃露》《清明》《竹林》之屬』。《蕃露》是他講《春秋》諸篇中的一篇。『蕃』與『繁』古字相通。其書立名之義今不可解。《漢書·藝文志》未見此名，《隋書·經籍志》始云：『《春秋繁露》十七卷，漢膠西相董仲舒撰。』《四庫全書總目提要》：『其書發揮《春秋》之旨多主《公羊》，而往往及陰陽五行。』是書前載北宋樓郁序，云：『太原王君家藏此書，常謂仲舒之學，久鬱不發，將以廣之天下，就予求序，因書其本末云。慶曆七年二月大理評寺四明樓郁書。』此書祖本或刊於慶曆七年（1047）之後。

《春秋繁露》十七卷久已殘缺，經南宋樓鑰搜輯，基本恢復十七卷之貌，而唯缺三篇。是書末載宋胡榘跋：『榘傾歲刻《春秋繁露》於萍鄉，凡十卷三十七篇，雖非全書，然亦人間之所未見，故樂與吾黨共之，後五年官中都復從攻媿先生大參樓公得善本凡八十二篇，爲十七卷，視隋唐《志》《崇文總目》諸家所記篇卷皆同，唯三篇亡耳……

秘閣兄重刊于江右之計台以惠後學云。嘉定辛（原書作平，誤）未四月。」知此書爲南宋嘉定四年（1211）江右計台刻本。

是書半葉九行，行十七字，四周雙邊，黑口，單黑魚尾，魚尾下方刻卷數及葉碼。每卷卷首題「《春秋繁露》卷第幾」，次行上空兩格，題「篇名第幾」，正文皆頂格。

是書《序》葉鈐趙元方「人生一樂」朱文方印，「曾在趙元方家」朱文長方印，「趙鈁珍藏」白文方印；目録葉鈐葉樹廉「樸學齋」朱文方印，「葉樹廉印」白文方印，「石君」朱文方印；卷一首葉鈐傅增湘「沅叔審定」朱文方印，「清泉吟社」白文方印；倒數第二葉鈐葉樹廉「歸來草堂」朱文方印；末葉鈐「元方審定」朱文方印。知此書曾爲葉樹廉、馮武、傅增湘、趙鈁所藏。

葉樹廉（1619~1685），明末清初著名藏書家。一作樹蓮，又名萬，字石君，號潜夫，江蘇吴縣（今江蘇蘇州）人。性嗜書，遇宋元善本，雖零缺單卷必購。建「樸學齋」「歸來草堂」「懷峰山房」等藏書樓。編校之書有《東山詩紀》；《（梁）江文通文集》十卷，附校補一卷《古碑證文》（不分卷）；《花間集》（二册）；等等。著作有《樸學齋集》《續金石録》《論史石鏡》《史記私論》《金石文隨筆》等。

馮武，明末清初藏書家、刻書家。精於校勘學，其抄本世稱「馮抄」，與毛晉、錢謙益、錢曾等名家抄本齊名。家有「世豸堂」，是其藏書和刻書之所。

傅增湘（1872~1949），字沅叔，四川省江安縣人。中國近代著名藏書家。無論是在藏書、校書方面，還是在目録學、版本學方面，都有極高成就。傅氏所藏除此本外，又有明正德十一年華堅蘭雪堂活字印本、明初刊本、清孔葒穀繼涵重校明刊本。

春秋繁露序

六經道大而難知惟春秋聖人之志在焉自孔子没莫不有傳名於傳者五家用於世纔三而止耳其後傳世學散源迷而流分蓋公羊之學後有胡毋子都董仲舒治其說信勤矣嘗為武帝置對於篇又自著書以傳于後其微言至要蓋深於春秋者也然聖人之旨在經經之失傳傳之失學故漢諸儒多病專門之見各務高師之言至窮智畢學或不出

春秋繁露卷第一

楚莊王第一

楚莊王殺陳夏徵舒春秋貶其文不予專討也靈王殺齊慶封而直稱楚子何也曰莊王之行賢而徵舒之罪重以賢君討重罪其於人心善若不貶孰知其非正經春秋常於其嬿德者見其不得也是故齊桓不予專地而封晉文不予致王而朝楚莊弗予專殺而討三者不得則諸侯之得殆恐是不待此矣此楚靈

春秋五禮例宗

《春秋五禮例宗》十卷，宋張大亨撰。綫裝四册。抄本，無版框。

張大亨，字嘉父，浙江湖州人，登元豐乙丑（1085）乙科，官直秘閣。其撰《春秋通訓》序言云：『少聞《春秋》於趙郡和仲先生。某初蓋嘗作《例宗》，論立例之大要矣。』《四庫全書總目提要》：『大亨是編，以杜預《釋例》與《經》踳駁，兼不能賅盡，陸淳所集啖、趙《春秋纂例》，亦支離失真。因取春秋事迹，分吉、凶、軍、賓、嘉五禮，依類别記，各爲總論。義例賅貫，而無諸家拘例之失。』

此書爲舊抄本，書前有寶書閣主人識語，云：『直秘閣張亨父先生□著，亨父尚有《春秋通訓》，惟《永樂大典》輯本，以俟訪。丙辰正月九日寶書閣主人識。』羅振常跋：『舊抄《春秋五禮例》宗十卷。存卷一至三，卷七至十共七卷，闕卷四至六共三卷，書口下有刻工名。宋諱缺筆，蓋自宋本迻録也。』據《四庫全書總目提要》，此三卷明初已佚。

是書無版框，半葉十一行，行十九字，書口位置上有書名卷數，中部有葉碼，下有抄寫者姓名。抄寫者有黄常、陳詢、毛諫、朱明、徐高、徐杲、徐宗、徐啚等。

目録前有張大亨紹聖自序。每卷卷首頂格題『春秋五禮例宗卷第幾』，下寫篇題，再下署『張氏』；次行頂格寫小題；次上空一格列舉《春秋》事迹；後爲總論，頂格寫。書後有上虞羅振常跋。

内封鈐有『顔氏家訓曰借人典籍皆須愛護先有缺壞就爲補治此亦士大夫百行之一也』朱文方印；序首葉鈐『無竟先生獨志堂物』朱文長方印、『漢唐齋』白文長方印、『丁芮樸』白文方印；目録首葉鈐『無悔齋藏』朱文長方印、

『北京市文物管理處藏書』隸書朱文長方印；目録末葉鈐『吴興書富第一家丁氏』隸書朱文長方印、『手鈔積萬卷數世之苦心流落不知處壁出絲竹音』隸書朱文方印；第一卷首葉鈐『馬玉堂印』白文方印、『笏齋』朱文方印；第二卷末葉鈐『徐恕印信』白文方印、『吹羅』隨形朱文印、『蟫隱廬秘笈印』朱文方印；卷四末葉鈐『如心沙彌』朱文方印、『蟫隱廬秘笈印』朱文方印；卷七首葉鈐『馬玉堂印』『笏齋』；第八卷末葉鈐『徐恕字行可』白文方印、『人生砥錫』朱文方印、『蟫隱廬秘笈印』朱文方印；第十卷末鈐『徐恕私印』白文方印、『趙氏元方』朱文方印、『得此書良不易後之人勿輕棄』隸書朱文方印、『學以劉氏七略爲宗』；末葉鈐『羅振常』白文方印、『敬事』朱文方印。

馬玉堂，字笏齋，號秋藥，別號扶風書隱生。浙江鹽官（今海寧）人，清代藏書家。

丁白（1821~1890），清藏書家。字芮樸，號寶書，浙江歸安（今湖州）人。

張其鍠（1877~1927），民國政要。字子武，號無竟，廣西永福蘇橋鄉人。1904 年中進士。1923 年 7 月任廣西省省長，1925 年任吴佩孚 14 省討賊聯軍總司令部秘書長，1925 年 8 月授陸軍上將銜。1927 年 5 月隨吴佩孚逃往四川時，在河南鄧縣被土匪索金娃擊斃。

羅振常（1875~1942），近代學者、藏書家。字子經，又字子敬，號心井、邈園。浙江上虞人，僑居淮安，爲近代著名學者羅振玉的季弟。少艱苦勵學，工詩古文辭。後致力於教育事業，在遼東任教數年，回歸後，設『蟫隱廬』以藏書，居書肆 30 年，遇有宋元精刻、名家抄校等本均加以收藏，又精于校勘，於版本源流，文字異同、收藏變遷皆詳爲稽考。所編家藏善本書目爲《善本書所見録》。

春秋五禮例宗序

雲川張　大亨集

昔杜元凱作釋例以明春秋異同之義事類相發各為條綱使覽者用力少而見功多可謂善矣然其間雜以傳例與經踳駁而又摘數端不能該盡學者病之唐陸淳乃因啖趙之餘別為纂例其所條列一出於經比於杜公詳顯究密後之說者謂之要例然淳拘於微文捨事從例故事有相濟以成而反裂為數門者非特差失其始終抑亦汩昏其義趣聖經大旨支離失真迷眩後生莫此為甚蓋

春秋五禮例宗卷第一　　吉禮

王正

隱元年春王正月

桓元年春王正月二年十年十八年同

莊元年春王正月三年五年六年八年十年十一年十六年十九年二十一年二十二年三十年同莊三十二年不書王正者二十書王不書正七

閔元年春王正月二年同

僖元年春王正月二年三年四年六年八年十年十五年十六年十八年二十四年二十五年二十六年三十年三十二年同

文元年春王正月三年五年八年十二年十三年十四年同文公十八年不書王正者八書王不書正者三

周易乾鑿度

《周易乾鑿度》二卷，不著撰人，東漢鄭玄注，線裝一册。版框高 18.5 釐米，廣 28.8 釐米。

是書首葉中題書名『周易乾鑿度』，右上刻『乾隆丙子鐫』，左下刻『雅雨堂藏板』。書前有乾隆丙子德州盧見曾序，知此書爲 1756 年雅雨堂刻本。是書底本據盧序『兹得之嘉靖中吴郡錢君叔寶藏本，不失舊觀，爲梓而行之』可知，所據爲明本《乾鑿度》錢叔寶藏本。

是書半葉十行，行二十一字。小字雙行，行二十一字。四周單邊。黑魚尾。單魚尾。烏絲欄。版心刻卷數、葉碼，版心下刻『雅雨堂』三字。書衣左上書簽題書名『周易乾鑿度』，書簽下有『頤志山房』朱文方印。

是書分上下卷，卷首題『周易乾鑿度卷上』『周易乾鑿度卷下』，次行低十格題『鄭氏注』。正文每段頂格，首題『孔子曰』，章句注解，雙行夾注。

《周易乾鑿度》是西漢晚期以來《易緯》的一種，杭世駿《道古堂集》云：『緯讖起於哀平之際，而新莽用之，以竊漢祚。中興之後，光武好之尤篤，多以決定嫌疑。公卿擢用，皆據讖文。又命薛漢、朱浮等校定之。中元元年，竟令宣布天下。顯宗、肅宗因相祖述，于是儒者争學圖緯，兼復附以妖言。』緯書乃與經書相對而言，内容雜揉陰陽災異以言儒經，在東漢大盛成爲『内學』，《易緯》更吸收西漢陰陽五行學説和孟喜卦氣説等理論。魏晉以後，緯學式微，再經南朝宋禁緯，隋煬帝焚緯，各經緯書相繼亡佚，今存者多有殘缺。清初朱彝尊《經義考》云：『《易緯》，隋志八卷，鄭玄注。《七録》九卷。《舊唐志》《崇文總目》同。……惟《乾鑿度》存，餘未見。……晁公武曰：「《隋志》有鄭氏注易緯八卷，《唐志》有宋均注易緯九卷。」……馮椅曰：「《崇文總目》周易緯九卷，漢鄭康成注。《隋志》有宋衷注。唐《四庫書目》有宋均注。《中興館閣書目》又有李淳風續注。」』《易緯》的亡佚當在南宋以前，鄭樵《通志》已餘《乾鑿度》二卷、《乾坤鑿度》二卷、《稽覽圖》七卷。

據明胡應麟云：『《周易乾鑿度》二卷，又《乾坤鑿度》二卷，今合爲一，實二書也。』可知明代流傳之《周易乾鑿度》多與《乾坤鑿度》并刊。明清對於《周易乾鑿度》和《乾坤鑿度》的辨僞討論很多，一般認爲《周易乾鑿度》屬於西漢晚期以後的緯書，《乾坤鑿度》的争議較大。孔穎達《周易正義》對此二書都有所徵引。本書盧序認爲：『《乾鑿度》，先秦之書也。去聖未遠，家法猶存。』其批評《乾坤鑿度》『文義淺陋，陳直齋謂崇文書目無之，至元祐田氏書目始載，是國朝人依託爲之，非此書之比也』。

周易乾鑿度序

周易乾鑿度二卷其中多七十子大義兩漢諸儒皆宗之京房之注大衍亶誦之用甲寅元陳寵之論三微張衡之述九宫許慎之稱君人五號又鄭康成注易謂易一言而含三義注禮謂三王郊用夏正以易之帝乙爲成湯咸本乾鑿度一行言卦氣之說出孟氏章句而不知乾鑿度已言之此皆易之大義也或曰緯書非學者所尚是不然聖人作經賢人緯之經粹然至精緯則有駮有醇成哀之緯其辭駮先秦之緯其辭醇乾鑿度先秦之書也去聖未遠家法猶存故鄭康成漢代大儒而

可見地有形可處若先乾坤則是乃天地生乾坤或云有形生於无形則爲反矣如是則乾坤安從生焉若怪而問之欲說其故曰故曰有太易有太初有太始有太素將說此也時人不知問故先張所由以爲本使易陵猶故也太易者未見氣太初者氣之始太始者形之始太素者質之始太易之始漠然無氣可見者太初之氣寒温始生也太始有兆始萌也太素有質始形也諸所爲物皆成苞裹元未分別氣形質具而未相離故曰渾淪言萬物相渾淪而未相離此極說大素渾淪令人言質率爾有能散之意視之不見聽之不聞循之不得故曰易也易無形埒也此又說上古太易之時始有聲氣曰埒尚未有聲氣惡有形兆乎又重明之禮記夏小正十二月鷄乳也始易變而爲一一變而爲七七變而爲九九者氣變之究也乃復變而爲一一者形變之始清輕上爲天

春秋存俟

《春秋存俟》十二卷，《總論》一卷，明余光、余颺撰。弘光元年（順治二年，1645）文來閣刻本。綫裝六册。版框高 20.4 釐米，廣 28.8 釐米。

是書首列錢謙益弘光元年二月題辭，其次爲黄道周弘光元年正月序文，再次爲晚明陸世鎏跋。又據板心所刻「文來閣」，知爲弘光元年（1645）文來閣刻本。

是書序跋，錢氏題辭與黄氏序文每半葉四行，行九字，四周單邊，烏絲欄。陸氏跋每半葉五行，行十字，左右雙邊，烏絲欄。《總論》每半葉九行，行二十字，板面與正文同。正文每半葉九行，行二十字，小字雙行同。四周單邊，無欄，白口，白魚尾，單魚尾。板心中央刻卷數、葉碼，書口刻「春秋存俟」四字，板心下刻「文來閣踞觚録」六字。

每卷卷首題「春秋存俟卷之幾」「明閩中余光、余颺仝治。弟余亮、余颸仝讀。吴門人陸世鎏較」。正文先録《春秋》經文，後叙諸家集解。陸世鎏跋云：「屈伸之志，詳略之文，隱有爲隱，顯有爲顯，存其隱以俟顯而已。疑有爲疑，信有爲信，存其疑以俟信而已。此春秋存俟所爲作也。吾師賡之余夫子，……薈撮四傳，漁獵百家，義必析諸精，議必要諸當，而猶不敢以顯者爲無隱，存之俟之，以庶幾于見聞傳聞之互證。」錢謙益題辭稱贊該書：「不瑣科凡例，不穿鑿書法。網羅磅礴，以精求聖人之指要。」

是書《千頃堂書目》著録「余颺《春秋存俟》十二卷」，《明史·藝文志》從之。然朱彝尊《經義考》所録「余氏光弟颺《春秋存佚》十二卷』又附有晚明李世熊序，李序不見於是書。

是書藏印，獨錢謙益題辭首葉有一枚『趙氏元方』朱文方印，知爲趙鈁舊藏。

余颺（?~1649），字賡之，號季節，莆田縣黄石鎮（莆田市荔城區黄石鎮）人。明毅宗崇禎十年（1637）登進士第，授宣城知縣。他精敏果斷，廉潔愛民。到任後，數十年的積案，短時間内就全部清結。崇禎十三年丁父憂，奔喪乏費，縣民籌金助行，并爲他蓋生祠。服闋，知竇應，移上虞。時土寇攻城，余颺募捐民擊之，所俘依法處分，得總名册，隨手即燒，保全不少無辜及脅從者，人感其德。明亡（1644）後返歸莆田。弘光朝（1645，南明福王朱由崧即位）授官禮部文選司，稽勛司員外郎，改廣東副使。魯王入閩監國，擢右副都御史，與朱繼祚在家鄉共同組織義兵抗清。城陷，不屈死。著有《史論》《識小集》《蘆蠟》《莆變紀事》《蘆中集》等。

序

春秋者聖人忠恕之書也聖人謂不忠不足以盡已故引天下之道歸

以不地耳隱公之薨、桓公主弒而假手於翬其曰館于蔿氏在當時罪已不能明矣聖人惡居下訕上安可遽以直詞書乎

左氏載隱公將授將老之言、大抵本於攝之一字以謂隱公久居桓位宜於與桓不得以君禮自處者亂賊爲邪說以文奸率多如此而後人遂爲其所罔耳

不書葬、左氏以爲不成喪是也、不成喪則亂賊肆爲邪說不君其君故不討於諸侯不以禮葬而諸

經典釋文

《經典釋文》三十卷，唐陸德明撰。綫裝十二册。版框高 19.2 釐米，廣 30.7 釐米。清通志堂本。

是書扉葉有『通志堂藏板』，各葉板心下刻有『通志堂』，各卷末有『後學成德校訂』，全書『玄』字缺末筆避諱，不避『弘』字諱，知此本乃康熙年間納蘭性德通志堂刊本。是書底本，據《爾雅音義》末所題校勘年月『乾德三年五月』『開寶二年正月』，是爲北宋刻本。又據書末崇禎十年馮班跋：『原書文淵閣秘籍也，不知何自出於人間。震澤葉林宗購書工影寫一部，凡八百六十葉。』知此書乃晚明影刻明文淵閣藏宋本。

是書每半葉十一行，行十七字，小字行二十四字，雙行夾注。左右雙邊，白口，雙魚尾。板心中刻某經音義，板心下刻『通志堂』與刻工。刻工名有鄧太、甘簡、陳章、鄧子珍、高元、甘信、正生、鄧閶、王貞、葛宣、鄧憲、鄧漢、金士玉（士玉）、玉成、甘玉、子茂、鄧順、君仲、鄧德、高宇、張達、鄧宣、立本、爾仁、王倫、鄧國、柏六吉（六吉）、天渠、允文、君勝、君正、齊卿、鄧弘、顧明、陳君、際生、欽明、望之、芃生、天爵、鄧廷、相臣、闕召、子良、子云、鄧啓、甘世明（世明、甘世）、連生等。

每卷卷首題『經典釋文卷第幾』，次行低三格題『某經音義』，各卷末再題『經典釋文卷第幾，經多少字，注多少字』與『後學成德校訂』。共計《序録》一卷，《周易》一卷，《古文尚書》二卷，《毛詩》三卷，《周禮》二卷，《儀禮》一卷，《禮記》四卷，《春秋左氏傳》六卷，《春秋公羊傳》一卷，《春秋穀梁傳》一卷，《孝經》一卷，《論語》一卷，《老子》一卷，《莊子》三卷，《爾雅》二卷。

《經典釋文》成書於南朝陳代，是南朝入唐學者陸德明（550~630）注釋十四部儒道經典音義之作，序言自云：『況微言久絶，大義愈乖。……既職司其憂，寧可視成而已。遂因暇景，救其不逮，研精六籍，采摭九流。搜訪異同，校之蒼雅。』其纂輯漢魏六朝二百三十餘家注解，對儒道經典予以反切釋義。南宋後，十二經注疏漸與《經典釋文》合刊，宋撫本系統採《釋文》合刊於經注本後，宋興國于氏本將《釋文》合刻于各經注章節之間，宋余仁仲萬卷堂本則將《釋文》逐條析於經注之中，元刻明修《十三經注疏》遂以經、注、疏、《釋文》合刊，形成今日《十三經注疏》附《釋文》的體式。

唐陸德明先生撰

經典釋文

通志堂藏板

經典釋文卷第一　序錄

唐國子博士兼太子中允贈齊州刺史吴縣開國男陸德明撰

序

夫書音之作作者多矣前儒撰著光乎篇籍其來既久誠無間然但降聖已還不免偏尚質文詳畧互有不同漢魏迄今遺文可見或專出己意或祖述舊音各師成心製作如面加以楚夏聲異南北語殊是非信其所聞輕重因其所習後學鑚仰罕逢指要夫筌蹄所寄唯在文言差若毫釐謬便千里夫子有言必也正名乎名不正則言不順言不順則事

通志堂

洪武正韻

《洪武正韻》十六卷，明樂韶鳳、宋濂等纂，線裝五册。版框高 21.5 釐米，廣 29.6 釐米。

是書後有嘉靖二十七年（1548）衡王朱厚燆題跋：『是書出自中秘，寰宇景仰而艱得捧閲，閩肆謄鋟，……以揚同文之化焉。』知此書爲衡王府厚德堂本《洪武正韻》，書板在福建刻成。

是書每半葉八行，大字行十二字，小字行二十四字，雙行夾注。四周雙邊，黑魚尾，雙魚尾。粗黑口。烏絲欄。板心中刻卷數『洪武正韻卷○』、該卷葉碼。全書分爲上平、下平、上聲、去聲、入聲共五册。《洪武正韻序》及凡例板面行款略有不同，每半葉九行，行二十字。衡王題跋每半葉七行，行十二字。

每卷卷首題『洪武正韻卷第○』，次行低一格題該册四聲分類（平上去入），隔行低二格題寫韻目『一東』『二支』『三齊』等。小韻頂格書以大字，首字先列反切然後訓釋，其後同音字不列反切衹作訓釋。各小韻以○間隔。每卷卷尾再題『洪武正韻卷第○』。

《洪武正韻》是洪武八年（1375）編纂的官方韻書，奉行明太祖『一以中原雅音爲定』原則，記録明初官話的語音情況，保留大部分全濁聲母，衹有少部分濁音清化。《洪武正韻》於洪武八年首度編成後，計七十六韻，十六卷。不久又下詔重修，洪武十二年修成八十韻，十六卷本。今據本書韻目作七十六韻，是爲洪武八年本，此與書前洪武八年三月十八日宋濂序吻合。

是書序葉鈐有『曾居無悔齋中』朱文長方印，知此書曾爲趙鈁收藏。

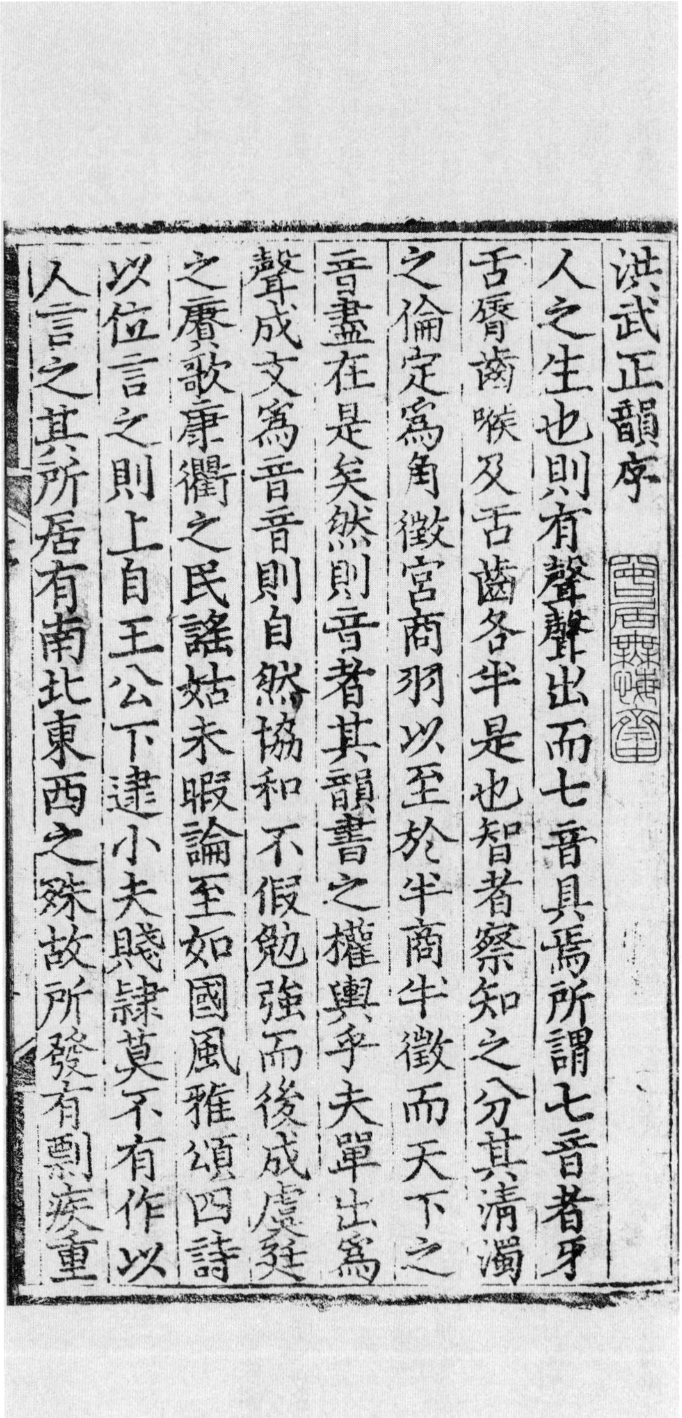
洪武正韻序
人之生也則有聲聲出而七音具焉所謂七音者牙
舌脣齒喉及舌齒各半是也智者察知之分其清濁
之倫定爲角徵宮商羽以至於半商半徵而天下之
音盡在是矣然則音者其韻書之權輿乎夫單出爲
聲成文爲音音則自然協和不假勉強而後成虞廷
之賡歌康衢之民謠姑未暇論至如國風雅頌四詩
以位言之則上自王公下逮小夫賤隸莫不有作以
人言之其所居有南北東西之殊故所發有剽疾重

洪武正韻卷第一

平聲

一東

東德紅切春方也說文動也从日在木中漢志少陽者東方東動也陽氣動於時爲春又陽韻俗作東 涷暴雨離騷云使涷雨兮灑塵郭璞曰江東呼夏月暴雨爲涷又水名出發鳩山入河一曰瀧涷沾漬又送韻 蝀螮蝀虹也又董送二韻 冬四時之末漢志冬終也物終藏乃可稱 䨴雨貌 〇通佗紅切達也徹也 侗大貌一曰未成器之人又見下及董韻 恫痛也說文作恫又送韻 俑同上又偶人又董韻 桐漢安世房中歌桐生茂豫顏師古曰桐讀爲通言草木皆通達而生與通義同又見下 蓪藥草有小孔通

史部文獻

南唐書

《南唐書》三十卷，宋馬令撰。線裝二册，版框高18.5釐米，廣26.2釐米。清抄本，半葉十行，行大字二十二，注文雙行，行三十餘字，随書寫而定。白口，單黑魚尾，四周單邊。書名上魚尾上方，卷次在上魚尾下。版心下方有『童初仙館』四字。各卷首行列大題目及卷次，次行小題，均頂格。正文頂格。内有紅、黑、黄三色校記，紅色校記爲道光五年鄭黄校，黑、黄爲光緒年間莊士敏校。

扉葉有莊士敏記：『《南唐書》三十卷，辛未祀竈後一日道出閶門，於小西山房得此，閲二日，抵里。同行者陸健甫也。玉餘并記。』又有『丙子八月在福州初校一過』，『戊寅六月再校』。末葉附記：『是書爲伯生先生所藏本。其中魯魚甚夥，手校一過，改正者幾千字。恐眼中落葉尚未能掃盡也。道光五年五月，鄭黄并識。』又有『光緒二年八月玉餘初校一過』，『戊寅六月校第二次』。蔣因培（1768~1839），字伯生，常熟人。嘉慶二年（1797）授陽谷县丞，歷知滕县、汶上、泰安、齊河諸县。道光元年（1821）以狂謬被劾，遣戍新疆，遇赦釋還。此書或在其被彈劾後流出。

書中有三家印記。莊士敏（1834~1879），字仲求，號玉餘先生。江蘇武進人，附貢生，署霞浦縣知縣。著有《滇事總録》《玉餘外編文鈔》《玉餘尺牘附編》等。趙鈁（1905~1984），字元方。蒙古正黄旗人，姓鶚卓爾氏，光緒時軍機大臣榮慶之孫。世居北京，歷職銀行界。夙愛古籍，收藏多宋、金、元、明著名刻本。藏書室名『無悔齋』。虞山蔣氏燕園書畫部，燕園又名燕穀園，位於常熟古城區新峰巷。初名蔣園，爲清乾隆間蔣元樞所建，後爲其侄蔣因培所有，更名燕園。

鈐印：仲求考藏（朱文方，扉葉）、曾在趙元方家（朱文長方，序）、虞山蔣氏燕園書畫部（朱文方，序）。

馬令，陽羨（今江蘇宜興）人，生平不詳，《宋史》等無傳。活躍於北宋末年。據自序，此書承襲其祖馬元康所作，中多『舊史遺聞』，成書于宋徽宗崇寧四年（1105）。全書共三十卷，首用《蜀志》稱主之例，爲《先主書》《嗣主書》《後主書》，共五卷，視南唐爲地方政權。卷六至卷二九爲列傳，卷三十爲《建國譜》與《世系譜》。《直齋書録解題》著録此書，現存世較早的本子有明初刊本、明嘉靖二十年姚咨抄本、明嘉靖二十九年顧汝達刻本、汲古閣舊藏明抄本等。

南唐書三十卷辛未祀竈後
一日道出閶門於小酉山房得
此閱二日抵里同行者陸健甫
也王餘抒記
丙子八月在福州初校一過
戊寅六月再校

南唐書序

馬令撰

嗚呼五代之亂符璽竊於大盜中國變於夷狄先王之禮樂制度掃地盡矣李氏初據江淮建唐廟以隆親與夫祖契丹而絶其父者孰韙始郊祀於圜丘與夫尚野祭而焚紙縉者孰重五代之君若彼南唐之制若此則正統疑於不存而僭竊疑於無罪也予作此書尊天子於中原而僭僞之事則不為南唐諱者豈無意哉蓋尊天子所以一天下之統書其僭所以著李氏之罪其統既一其罪既著則竊土賊民者無適刑於天下後世矣昔孔子作春秋非徒

南唐書　卷一

古列女傳

《古列女傳》八卷，漢劉向撰。綫裝二册，版框高19.5釐米，廣32釐米。

明嘉靖三十一年（1552）刻本，半葉十二行，行二十字，白口，單白魚尾，左右雙邊。书名、卷次在上魚尾下方，下魚尾處記葉碼。各卷首行列標題、卷次，卷一次行、三行并列『吴郡黄魯曾贊』『吴郡朱景固校正』。正文頂格，頌文、贊文低一格。首嘉靖三十一年吴郡黄魯曾序，八行十五字；次吴郡朱景固校正小序；次曾鞏序。末卷後題『丁亥重裝，元方記』。

書中有兩家印記。宋筠（1681~1760），字蘭揮，號晉齋。清商邱人，康熙己丑（1709）進士，編撰《青綸館藏書目録》。趙鈁（1905~1984），字元方。蒙古正黄旗人，姓鶚卓爾氏，光緒時軍機大臣榮慶之孫。世居北京，歷職銀行界。夙愛古籍，收藏多宋、金、元、明著名刻本。藏書室名『無悔齋』。

鈐印：宋氏蘭揮藏書善本（白文長方，黄魯曾序、卷一、卷五）、宋筠蘭揮（朱文方，黄魯曾序、卷四、卷八）、己丑進士（白文方，黄魯曾序、卷四、卷八）、趙元方考藏善本書籍（白文方，小序）、曾在趙元方家（朱文長方，目録）、無悔齋藏（朱文長方，卷五）、依緑軒印（白文方，卷八）。

劉向（約公元前79~前8），字子政，本名更生，漢楚元王之後，官至中壘校尉。曾奉命領校秘書，撰《别録》。據《漢書·楚元王傳》，『向睹俗彌奢淫，而趙、衛之屬起微賤，踰禮制。向以爲王教由内及外，自近者始。故採取詩書所載賢妃貞婦，興國顯家可法則，及孽嬖亂亡者，序次爲《列女傳》，凡八篇，以戒天子』。《漢書·藝文志》

儒家類載《劉向所序》六十七篇，内有《列女傳頌圖》。《隋書・經籍志》雜傳類載《列女傳》十五卷，注曰：『劉向撰，曹大家注。』四庫館臣考證『其書屢經傳寫，至宋代已非古本』。據曾鞏序，『嘉祐中，集賢校理蘇頌始以《頌義》爲編次，復定其書爲八篇，與十五篇并藏于館閣』。後人據内容將其删定爲《古列女傳》與《續列女傳》。《古列女傳》自『有虞二妃』至『趙悼倡后』，有頌文。《續列女傳》自『周郊婦人』至『梁夫人嫕』，無頌文。内中均爲兩漢時人，有些生年在劉向後，不知何人所撰。

黄魯曾（1487~1561），明藏書家，字德之，一作得之，號中南山人。吴縣（今江蘇蘇州人）。正德中鄉試。與弟省曾均愛異書善本。著有《續吴中往哲記》《兩漢博聞》《南華合璧集》等。黄魯曾刊本是明代多家重刊《列女傳》中影響較大，至今仍存的刊本之一。該本未刊圖畫，不分『古』『續』，各卷標題均爲『劉向古列女傳』。在頌文後，黄魯曾增加了自己所撰的贊文。頌文均爲四言八句，贊文于合傳據人物或分爲二贊、三贊，也爲四言八句。此書收入黄氏所刻《漢唐三傳》，其他二傳爲舊題劉向撰的《列仙傳》（含南唐沈汾的《續仙傳》）和晉皇甫謐的《高士傳》。故此本又稱《漢唐三傳》本，清光緒年間湖北崇文書局即據此本重刊。

參考文獻

劉賽：《劉向〈列女傳〉及其文本考論》，復旦大學博士學位論文，2010。

劉向古賢列女傳序

吳郡黃魯曾 撰

夫昌暉在陰順道屬女而其理恢天則功博人倫不可以無儀籠弗晨闈者也且性天難盡聖賢少儔而女以立範於天下後世者往往有焉予嘗欽想古之列女思讀漢劉向所作之傳之序之頌有參軍朱君繼甫曰予既歆此奚不求

劉向古列女傳小序

吳郡朱景圖校正

母儀傳

惟若母儀賢聖有智行爲儀表言則中義胎養子孫以漸教化既成以德致其功業姑母察此不可不法

賢明傳

惟若賢明廉正以方動作有節言成文章咸曉事理知世紀綱循法興居終身無殃妃后賢焉名號必揚

仁智傳

惟若仁智豫識難易原度天道禍福所移歸義從安危險必避專專小心永懼匪懈夫人省兹榮名必利

貞順傳

新刻古列女傳

《新刻古列女傳》八卷，漢劉向撰。綫裝四册，版框高20釐米，廣28.6釐米。

明萬曆三十四年（1606）黄嘉育刻本，半葉十行，行二十字，白口，單白魚尾，左右雙邊。上魚尾下方記卷次，下魚尾處記葉碼。各卷首行爲大題，頂格；卷名低一格；小題低兩格。正文頂格，頌文、贊文低一格。每傳前有圖。首列萬曆丙午新都黄嘉育序，由汪其瀾執筆，版心下方記有『黄鎬鐫』；次録王回、曾鞏序，均用草書寫就。書中有手批校記。

書前有己巳十月朔唐翰題記：『此石門曹叔則先生舊藏本，槎客先生手校，均有圖記鈐卷中。槎翁校于嘉慶丁巳，越今七十三年矣。嘉興後生唐翰題得於吴通和坊。』書末有附記『嘉慶丁巳以吴郡顧氏小讀書仿宋重雕本校堆』，『丙戌嘉平得於天津。兔牀所校黄本蓋指黄魯』。

書中有多家印記。曹度，字叔則，清初石門人（今浙江桐鄉）。吴騫（1733~1813），字槎客，號兔牀，清海寧人，諸生。著名藏書家，家有拜經樓。唐翰題（1816~1875），清書畫家、藏書家。初名寶銜，字鷦安，一作鷦庵，號子冰，鷦生、文伯，別署新豐鄉人、鷦叟等，浙江嘉興貢生。吴重憙（1838~1918），字仲飴，浙江海豐人。父吴式芬，岳父陳介祺。收藏多名人題跋和珍本，家有『石蓮闇』，所藏圖籍多有來歷，曾有吴騫、唐翰題等家的舊藏。李書勳，民國時人。

鈐印：吴仲懌秘笈印（朱文長方，扉葉）、翰題讀過（朱文方，扉葉）、質肅公孫翰題印長壽（白文方，扉葉）、李書勳印（白文方，黃序、卷八）、鈁（朱文方，黃序）、字曰叔則（朱文方，黃序、卷七）、黃嘉育印（白文方，黃序）、懷英氏（白文方，黃序）、其瀾（白文方，黃序）、仲觀（白文方，黃序）、趙鈁珍藏（白文方，王序）、一廛十駕（朱文方，王序）、無悔齋藏（朱文長方，小序）、海豐吴氏（朱文方，小序）、吴騫五十字曰槎客（白文長方，小序）、好學深思心知其意（朱文圓，目録）、長生無極（白文方，卷六）、海豐吴重憙印（白文方，卷二、卷六、卷八）、桐□裡曹度（白文方，卷三、卷五、卷七）、兔牀手校（朱文長方，卷八）。

黃嘉育，明徽州人。此本與嘉靖黃魯曾刊本同出一個底本，但細節又稍有不同。如黃嘉育本小序仁智傳有『原度天理』，黃魯曾刊本作『原度天道』。

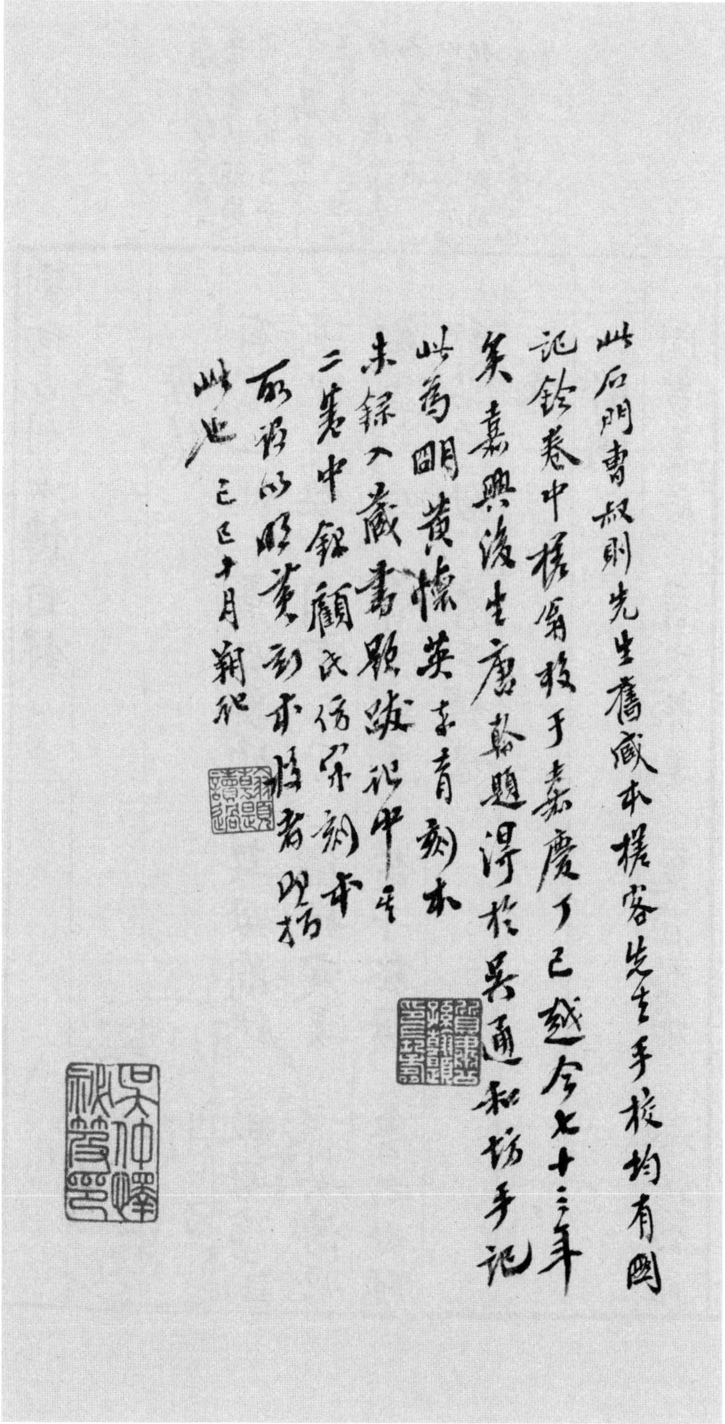

此石門曹叔明先生舊藏本，槎客先生手校，均有圖記鈐卷中。槎翁校于嘉慶丁巳，越今七十二年矣。嘉興後生唐翰題得於吳通和坊，手記。

此為明黃懷英李青刻本，未錄入藏書題跋記甲乙二集中。錄顧氏仿宋刻本所謂以明黃刻本校者，即指此也。

己巳十月翰記

王回序謂每篇十五傳書録解題謂七篇凡一百五人今此篇止十四傳七篇通計一百四人豈爲後人重編而少一傳邪以予攷之似删黄帝妃一傳其圖則是而闕有虞二妃也

劉向古列女傳目録

一卷

母儀

有虞二妃 棄母姜嫄 契母簡狄 啟母塗山
湯妃有㜪 周室三母 衛姑定姜 齊女傅母
鄒孟軻母 魯季敬姜 楚子發母 魯之母師
魏芒慈母 齊田稷母

二卷

賢明

周宣姜后 晉文齊姜 楚莊樊姬 秦穆公姬

黄帝妃 補

黄帝妃曰嫫母於四妃之班居下皃甚醜而冣賢心每自退餘同呂氏太平御覽一百三十五卷

故嫫母執乎黄帝黄帝曰厲女德而弗忘與女正而弗衰雖惡奚傷呂氏春秋遇合篇

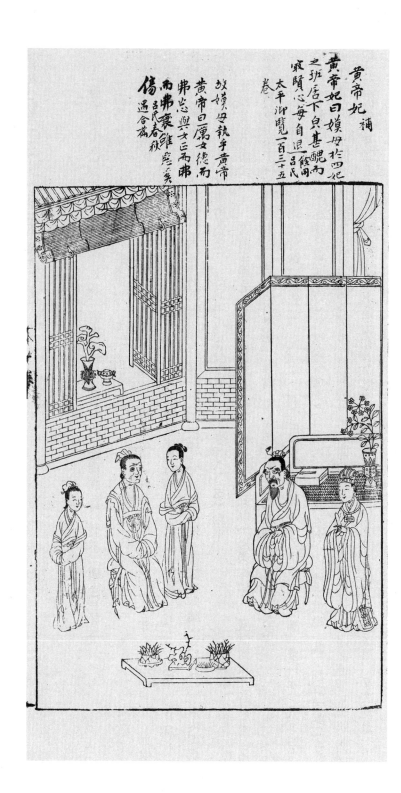

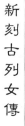

康熙四十五年登科録

《康熙四十五年登科録》一卷，刻本，清佚名輯，線裝一册。版框高 22.2 釐米，廣 30.4 釐米。

此書蓋非全本，首葉版心所記葉碼爲『七』，前當有脱落。

是書無序跋題記。封面題『康熙四十五年登科録』，『恩榮次第』部分詳載『康熙四十五年三月二十日早，諸貢士赴太和殿前殿試』至『四月初六日，狀元率諸進士詣先師孔子廟行禮』諸事。《清會典》卷七二所載：『凡試録、登科録，順治二年定，揭榜以後，刊刻試録、登科録進呈』。根據清代科舉慣例，殿試後即編『登科録』，由内閣進呈後，交禮部刊刻，并由内閣收存。故此書可定爲清康熙四十五年（1706）刻本。

此書各部分版式不一，書前康熙之《制》爲每半葉五行，行八字。其餘『恩榮次第』、殿試對策及各執事官名録大體爲每半葉十行，行二十字。全書四周雙邊，黑口，單魚尾，版心中部鐫刻『登科録』及葉碼。

是書爲康熙四十五年之登科録。清承宋、元、明之例，於殿試後皆編纂《登科録》。所謂《登科録》者，明人吴寬《家藏集》卷四〇《永感詩後序》言『所以録登進士之科之人，而著其姓名，以傳于世也，其下則詳係其年貫、字行而上及於三代』。是書首爲康熙之制，次爲『恩榮次第』，記載殿試、制唱名、張掛皇榜、賜宴禮部、賜狀元頂帽披領帶等物及賜進士折鈔銀兩、狀元率進士上表謝恩、詣先師孔子廟行禮等事之日期及先後次第；又次爲第一甲三名賜進士及第之王雲錦、吕葆中、賈國維之籍貫、履歷、親屬關係等信息以及殿試對策文卷；最後爲『内閣侍讀學士金泰』以下彌封官、收掌官、印卷官、供給官、填榜官等各執事官之名録。

是書康熙《制》首葉有『元方藏書』朱文正方印，『第一甲三名賜進士及第』葉有『北京市文物管理處藏書』朱文長方印。

皇帝制曰朕撫御寰

區孳孳圖治期

臻久道化成之

效所以澄敘官

方漸摩民俗勤

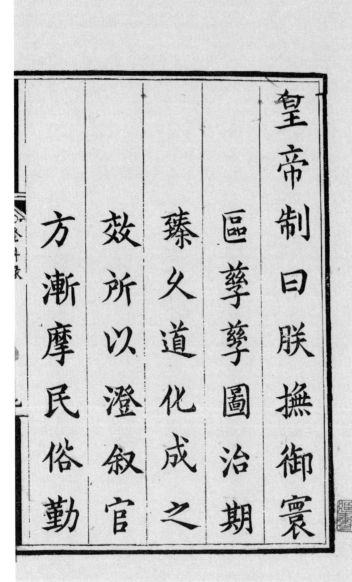

第一甲三名

賜進士及第

王雲錦

貫江南常州府無錫縣民籍 增廣生

治詩經字宏駿行二年四十六歲三月廿五日生

曾祖智習 祖之弼 父志寧 母范氏

永感下 娶尤氏

庚午科鄉試第十四名 會試第二百六十名

存信録

《存信録》三卷，清鈔本，清沈佳撰，線裝五册。抄本無版框。

沈佳，字昭嗣，號復齋，浙江錢塘人（今杭州）。康熙二十七年（1688）進士，官安化知縣。少有志伊洛之學。及長，研窮性命，多所撰述。著述有《明儒言行録》十卷、《續録》二卷、《禮樂全書》四十卷、《明人物志》一百二十卷等。其撰《存信録》一書，又名《存信編》，各家所記多爲五卷，而本爲三卷。朱希祖嘗跋《野史二十二種》本《存信編》，嘗考其成書年代，以温睿臨《南疆逸史·凡例》言『野史中記永曆事者，有沈佳《存信編》』，又據沈佳『自注中引《象郡紀事》《行朝録》《兩粤新書》《行在陽秋》，又言鄧凱著《也是録》』，以爲『其著書必在劉、楊、黄、鄧之後，而在温氏之前，蓋清康熙三四十年時所作也』。是書於清代以鈔本流傳，嘗收入《明季紀事》《野史二十二種》等叢書。

是書無序跋題記，難以斷定確切鈔寫年代，姑定爲清鈔本。

是書每半葉九行，行二十五字，小字雙行同。無邊欄及行格，版心下有葉碼。卷首及第一卷共十九葉破損嚴重。

每册封面有朱筆題『存信録』及册號，其中第五册封面右側有朱筆題『辛丑十二月九日元方題』。據此可知，每册封面題簽爲趙訪1961年12月9日所題。書内每卷首題『存信録卷之幾』，除第一卷次行題『永曆帝紀』外，餘卷均次行正文。是書爲編年體史書，按年月日紀南明永曆史事，上起隆武二年（順治三年，1646）十月『桂王監國』，下迄康熙四年（1665）春正月『平西王吴三桂滅水西，改其地爲四府，設知府總兵等官』。書中凡每月之事皆單獨提行，事與事之間以『〇』間隔。關於此書内容特點，朱希祖跋多有涉及，如言其『記瞿式耜事獨詳，且曲折言其心事，他書有不慊於式耜之處，佳獨迴護之』；『於五虎亦甚傾倒，於金堡嶺海焚余諸疏，累牘連篇，載之獨詳』；『又於錢謙益事亦知之特詳』。雖然此書朱希祖以爲『文筆未臻達雅，編次重複，前後矛盾』，但『紀載永曆時事最爲詳備』，『他書固未能有過之者，不可以其無文而輕之也』。

是書首葉有『曾在趙元方家』朱文長方印、『北京市文物管理處藏書』朱文長方印。

存信錄卷之二

己丑永曆三年春正月庚申朔上在肇慶○壬申大學士朱天麟罷兵科給事中金堡疏劾陳邦傅十可斬謂不出師江楚逍遥內地奉勅援勦江西不行誤國之罪一非開創功自請世守廣西違制之罪二司道守令自行委用專擅之罪三縱兵肆掠雞犬靡遺殃民之罪四奉旨切責邦傅邦傅訐奏皇上蒙塵屢次流離顛沛並無一兩衙門何今日兩衙門之多也議論不談兵不談餉不談復讐興國如以臣無兵無餉請即用金堡監軍以觀臣十萬鐵騎十一日天麟票擬有金堡從來朕亦未悉請監軍著郎會議十三

其餘大都類此

八月清兵攻破西山臨國公李来亨自焚死

冬十月荆國公王光興同巡撫蔣尚膺率合營將士投降

乙巳（康熙四年）春正月平西王吳三桂械水西改其地為四府設知府總兵等官○匡國公皮熊不屈死之熊於已亥年祝髮為僧隱于水西山中謀興復不克被獲見平西不屈抗言我為總兵爾時尚小校豈為汝屈絕粒七日夫婦俱死滇人為之賦雙節詩

康熙五十一年會試録

《康熙五十一年會試録》一卷，清佚名輯，綫裝一册。版框高22.0釐米，廣31.4釐米。

是書無序跋題記。封面題『康熙五十一年會試録』，正文第一葉首行頂格爲『康熙伍拾壹年會試録』，可知此乃康熙五十一年壬辰（1712）會試之試録。根據《清會典》卷七二記載，『（康熙）五十一年，欽取進士，禮部將取中姓名籍貫另刻一册，附入試録』，故可知此《會試録》刊於康熙五十一年。

此書每半葉九行，除入場官員名單及舉人、進士名録外，每行十八字。全書四周雙邊，黑口，單魚尾，版心中部鐫刻『會試録』及葉碼。

是書爲康熙五十一年壬辰會試之會試録。清承宋、元、明之例，每於會試之後編纂刊刻會試闈墨及舉人、進士名録，并進呈。所謂『會試録』，明人王鏊《震澤集》卷一一《會試録後序丙辰》云：『《會試録》者，録會試之程文、士之中式洎百執事之姓名，登諸天府，傳之天下者也。』又《清會典》卷七二載：『五十三年，議准：文武進士《會試録》及《題名録》，考完時業經呈覽，部内再行刊刻，事屬重複，應行停止。其各□省文武《鄉試題名録》及《試録》亦著停止刊刻。』又同卷載：『雍正元年，覆准：鄉、會試録，自癸卯科爲始，仍行刊刻。』由是可知，刊刻鄉試、會試録及題名録自康熙五十二年議停後，至雍正元年癸卯（1723）會試始復。故此《康熙五十一年會試録》乃康熙朝最後一次刊刻《會試録》。是書首爲入場各官員名單，包括知貢舉官、考試官、同考試官、内簾監試官、内場監試官、外場監試官、提調官、印卷官、内收掌試卷官、受卷官、密封官、謄録官、對讀官、司門官、巡綽官、搜撿官、内委官、外委官、外供事、醫官；次爲各場試題，計有第一場四書題、五經題，第二場論、詔、誥、表、謝表、判語，第三場策五道；又次爲卜俊民以下中式舉人一百六十一人名録及潘葆光以下欽取進士二十一人名録。

是書首葉右下有『元方藏書』朱文正方印，右上有『北京市文物管理處藏書』朱文長方印。

康熙伍拾壹年會試錄

知貢舉官

經筵講官禮部右侍郎兼翰林院學士胡作梅 脩予湖廣荊門州人 壬戌進士

考試官

都察院左都御史降四級留任趙申喬 松伍江南武進縣人 庚戌進士

內閣侍讀學士徐元夢 蝶園鑲黃旗滿洲人 癸丑進士

同考試官

日講官起居注翰林院侍講學士加一級勵廷儀 南湖直隸靜海縣人 庚辰進士

日講官起居注左春坊左贊善兼翰林院檢討蔣廷錫 酉君江南常熟縣人 癸未進士

中式舉人一百六十一名

第一名卜俊民　江南常州府學附生五經易
第二名馮汝軾　江南吳縣拔貢詩
第三名王淑京　江南崑山縣附生書
第四名徐雲瑞　浙江錢塘縣附生春秋
第五名胡煦　河南安陽縣教諭禮記
第六名曹鳴　江南金壇縣監生書
第七名夏慎樞　江南丹徒縣副榜易

水南翰記

《水南翰記》一卷，明張袞撰，線裝一册。版框高 20.5 釐米，廣 27.2 釐米。

張袞（1487~1564），字補之，常州江陰（今屬無錫）人，祖籍山東即墨。明武宗正德十五年（1520）會試，以武宗罷廷試，至辛巳（1521）世宗即位，賜進士出身，改翰林院庶吉士，以閣議改陝西道監察御史，巡視馬政有法。其後歷官翰林院編修、左春坊左諭德、翰林院侍讀學士、太常寺卿、國子祭酒等職，以南京光禄寺卿致仕。張袞歷典文職，嘗續修《大明會典》，校刊《大學衍義》，分撰《郊廟樂歌》，纂修祀儀，校對累朝《寶訓》《實録》，精勤罔懈，於禮樂典制多有貢獻。又歷任己丑、壬辰會試同考官，主甲午順天府鄉試、辛丑會試，矢心簡拔，務在得人。著作有《張水南集》《水南翰記》。其生平詳情可見是書卷前所載明林樹聲撰《明故嘉議大夫南京光禄寺卿致仕水南先生張公行狀》及明吴亮輯《毗陵人品記》卷九。是書明祁承㸁《澹生堂藏書目・子部》、清黄虞稷《千頃堂書目》卷一二《子部・小説類》、萬斯同《明史》卷一三五《藝文志》、丁仁《八千卷樓書目》卷一四《子部・小説家類》并有著録。

是書於明代爲李如一所得，刻入《藏説小萃》。李如一《藏説小萃序》言：『姑首鄉邦，訪逸和希，且抽篋笥，計得成書八種，凡爲作者七人，如湯大理之《公餘日録》、張司訓之《宦游紀聞》、張學士之《水南翰記》、朱太學之《存餘堂詩話》、徐山人之《暖姝由筆》與《汴遊録》、先大父太學翁之《戒庵老人漫筆》、唐貢士之《延州筆記》。』後又益以崔銑《洹詞記事抄正續》、楊儀《明良記》《保孤記》二家三種，合爲九家十一種二十七卷。《藏説小萃》目録後言『龍飛萬曆柔兆敦牂歲重光單閼月赤岸李氏銓於前書樓付金閶梓人鐫行』，可知是書初刻於明萬曆三十四年丙午（1606）。其後《水南翰記》又收入《江陰叢書》《粟香室叢書》，《八千卷樓書目》所著録即爲《粟香室叢書》本。又此書又收入《續説郛》《五朝小説》，然題『張如一撰』，蓋涉《藏説小萃》編者李如一而誤。此本《水南翰記》前有李如一《水南翰記題辭》、林樹聲《明故嘉議大夫南京光禄寺卿致仕水南先生張公行狀》，卷末有李如一記。又此書版式行款均與今存明萬曆三十四年刻《藏説小萃》本一致，内容文字亦相同，故可斷定此本即明萬曆三十四年刻本《藏説小萃》之零本。

是書此版每半葉九行，行十八字，小字雙行同。全書除書前《題辭》《行狀》頂格，卷末李如一記小字雙行低一格外，其余正文每條内容第一行頂格，餘則低一格。全書左右雙邊，白口，單魚尾，版心上部於《題辭》部分鐫刻『水南翰記題辭』，《行狀》部分鐫刻『水南翰記首』，正文部分則鐫刻『水南翰記』，版心下部刻葉碼，其葉碼文字用『壹、貳……拾』，每部分葉碼另起。

是書乃稗官雜記，内容龐雜，掌故、典制、史事、名人軼事皆有。如『文華殿在今奉天門之東』條、『第三廳史官聽也』條、『凡進講衣冠帶履皆薰香』條等皆言典制及本朝掌故。又如『河東邢祭酒讓以錢糧，累罷官翰林』條、『長沙李西涯學士東陽居翰林時，會失朝有罰』條、『解學士縉訪駙馬』條、『閣老嚴嵩得痔疾』條等則爲名人軼事。凡此之類，皆稗官雜説，無關宏旨，但廣逸聞可矣。

是書首葉《水南翰記題辭》下有『曾在趙元方家』朱文長方印，正文『宋費袞補之撰《梁溪漫志》』條下有『北京市文物管理處藏書』朱文長方印。

水南翰記題辭

余生最晚登龍未遂幼好問奇有傳必皮學士遺文誌銘甚都宛其肖矣絕無諛墓矩矱秩然披蘂啟秀惜哉裒集名篇掛漏爰訪記録遍扣藏藪甫獲斯編抵燈敬受記以翰名似專史局首列數條典故聰矚後絫衆說又屬分部豈其燃藜會心罔吐帙不盈掬若剩若贅剖而視之中多箴誨槩可砭愚餘亦粲齒佩之韋弦嗅之蘭茝聯成絲筆令君瓚細兼載胡為人技若已

水南翰記

宋費衮補之撰梁溪漫志此名字與予同異也

文華殿在今 奉天門之東比諸殿制稍減而特精雅用綠色琉璃瓦左右為兩春坊上之便殿所常御者也今用為 經筵之所中設 御座龍屏南向又設 御案於 御座之東稍南設講案於 御案之南稍東入殿中門當檻下白石一方純潔可丈許擡講

畢氏恩綸録

《畢氏恩綸録》一卷，佚名輯。線裝一册。版框高 21.7 釐米，廣 29.9 釐米。

是書正文收録明萬曆四十七年（1619）九月三十日封畢自嚴祖父母、父母、畢自嚴并妻之誥命三道，分别是：《陝西洮岷兵備道右參政畢自嚴祖父母誥命一道》《陝西洮岷兵備道右參政畢自嚴父母誥命一道》《陝西洮岷兵備道右參政畢自嚴并妻誥命一道》。畢自嚴（1569~1638），字景曾，淄川（今屬山東淄博）人。萬曆二十年進士，除松江推官。歷官授刑部主事、工部員外郎中、淮徐道參議、河東副使、右都御史兼户部左侍郎、户部尚書。生平事迹詳見《明史》本傳。

是書無序跋題記，封面朱筆題『畢氏恩綸録』，内封題『恩綸録』，正文所收録三篇誥命所署時間均爲『萬曆四十七年九月三十日』。全書如『曆』字等不避清諱，故可推是書或刻於明。又今中國國家圖書館藏有《畢氏四代恩綸録》一卷兩册，著録爲崇禎刻本。其中載有萬曆二十四年、三十一年、三十四年封畢自嚴父母、畢自嚴并妻之誥命，萬曆四十七年、天啓元年（1621）、天啓三年、天啓四年、天啓七年、崇禎元年（1628）、崇禎二年、崇禎四年封畢自嚴祖父母、父母、畢自嚴并妻之誥命。其中萬曆四十七年之三道誥命即此本所載者。由此推之，此本當爲萬曆四十七年誥命之單刻者，且卷前兩葉每半葉一字，鐫刻『奉天誥命』四字，四周龍紋，當爲畢氏受封誥後自刻之本。由此，此本或可暫定爲明萬曆刻本。

是書裝幀奢華，其版式每半葉五行，行十字。所録皆爲萬曆四十七年所封之誥命，因體裁之故，正文凡『誥命』

『天』『皇帝』等字詞皆頂格，其餘内容則大體皆低兩格。四周單邊，白口，單魚尾，版心上鐫刻有『恩綸』二字，版心下鐫刻葉碼。

所謂『恩綸録』者，乃匯聚帝王之封贈、誥命等以示恩榮之文字，歷代多有，明清兩代存世尤夥，或單獨留存，或編入家族譜録之首。此類嘉獎臣民之文字，多官方套語，鮮有實際内容。然其中所載受誥命之人，或有職官履歷等内容，尚可補史之缺。此《畢氏恩綸録》所載萬曆四十七年誥命，據中國國家圖書館藏《畢氏四代恩綸録》可知，此三封誥命出自時任左春坊左諭德汪輝之手。據清趙宏恩《（乾隆）江南通志》卷一四七《人物志》可知，汪輝，字柱河，安徽休寧人，萬曆三十二年甲辰（1604）進士。此三道誥命中，《陝西洮岷兵備道右參政畢自嚴并妻誥命一道》，詳列畢自嚴十任前職，可與《明史》本傳互參。

是書第一葉『奉』字右下有『曾在趙元方家』朱文方印。

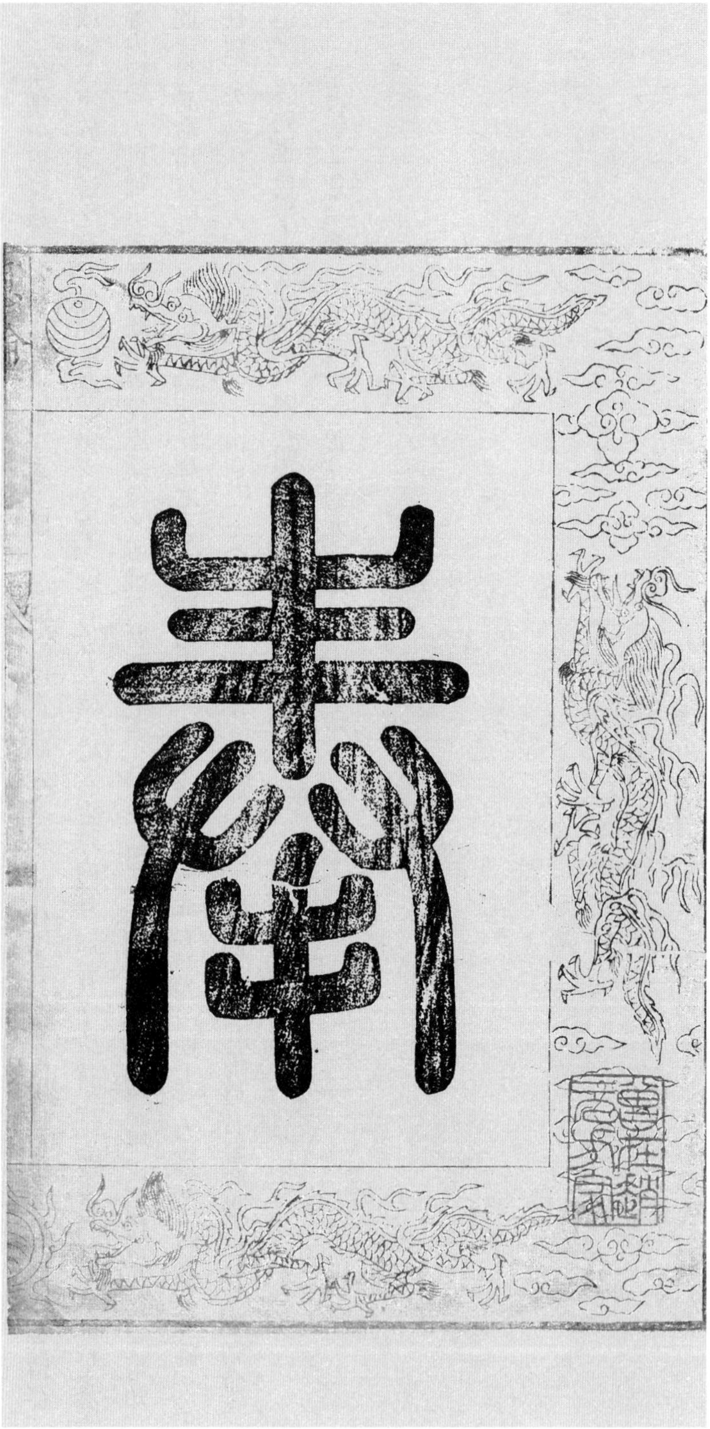

制　誥

萬曆四十七年九月三十日

之　寶

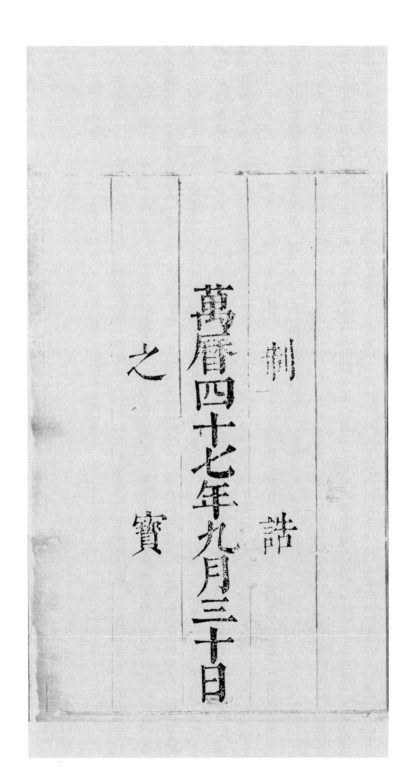

淮鹺本論

《淮鹺本論》二卷，清胡文學撰，綫裝二册。版框高18.3釐米，廣29.2釐米。

胡文學（？~1671），字卜言，别號道南。浙江鄞人（今寧波鄞州區）。本安徽休寧人，其父遷寧。順治九年壬辰（1652）進士，任真定府推官，平巨寇高鼎有功，擢福建道御史。順治十八年，巡鹽兩淮。胡氏於兩淮鹽政，多所建樹，如《兩淮鹽法志》卷一三七《職官門》言其『力請復湖南三府食淮鹽之舊，又請移淮所於安東，以杜草灣地方私鹽影射之弊』。錢謙益《閲淮鹺本論有述》譽其爲『救時之哲匠，經國之鉅手』。其著作有《鹽政通考》《淮鹺本論》《敬義堂集》《疏稿》《甬上耆舊詩》等。關於胡氏生平詳情，可見清黄叔璥《國朝御史題名》、錢維喬《（乾隆）鄞縣志》卷一七、阮元《兩浙輶軒録》卷二、王定安《兩淮鹽法志》卷一三七等。《淮鹺本論》二卷，《四庫全書總目》卷八四言：『是書乃文學于順治庚子、辛丑間官兩淮巡鹽御史時作。』是書最早見於清徐乾學《傳是樓書目》著録，其後乾隆修《四庫全書》時，著録於《四庫全書總目·史部·政書類存目》。

是書封面墨筆題『淮鹺本論』，卷首有錢謙益撰《閲淮鹺本論有述》，其後即爲正文，卷末無題跋識語。錢謙益《閲淮鹺本論有述》未署所作時間，文中亦未言及相關刊刻信息。又復旦大學藏有《淮鹺本論》二卷一册，著録爲清康熙元年刻本，收入《四庫全書存目叢書·史部》。其正文版式文字一同此本，而正文前除錢謙益《閲淮鹺本論有述》外，尚有季振宜《淮鹺本論叙》、成克鞏《序》、梁清標《淮鹺本論序》，其中梁清標《序》末所署時間爲『康熙壬寅春日』。按，康熙一朝有兩壬寅年，一爲康熙元年（1662），一爲康熙六十一年（1722）。據清延豐《重修兩浙鹽法志》卷二五言胡氏於『康熙十年召赴京師，至濟上以疾歸卒』，故梁清標《序》之康熙壬寅爲康熙元年，復旦藏本蓋以此定爲康熙元年刻本。今此本與復旦藏本同，惟缺季振宜、成克鞏、梁清標三序，可從復旦藏本定此爲清康熙元年刻本。

是書卷首爲錢謙益《閲淮鹺本論有述》，每半葉五行，行十字，四周單邊，白口，無魚尾，版心上鐫刻『淮鹺本論述』，下鐫刻葉碼。正文版式爲每半葉八行，行二十字。正文如本書卷次『淮鹺本論卷上』『淮鹺本論卷下』以及涉及當朝敬語如『本朝』『諭旨』等文字皆頂格書，『國』字低一格書，其餘正文均低兩格。全書正文四周單邊，白口，單魚尾，版心上書口處刻『淮鹺本論』，版心中部刻卷次，如『上卷』『下卷』，版心中下部刻葉碼，版心下書口處小字刻篇名簡稱。

胡氏《淮鹺本論》分兩卷二十五篇：上卷十篇爲《停兑會》《附銷不帶鹽》《復三府》《關橋掣規》《釐所掣》《掣江都食鹽》《淮北改所》《撤分司》《廢興莊臨湖場》《草蕩不加税》，下卷十五篇爲《恤株連》《緩倒追》《禁私販》《除鏇棍》《謝游客》《簡關防袪吏弊》《不任承役》《寬追比》《便銷批》《公僉報》《均急公窩引》《去江掣弊》《酌歸綱》《省繁費》《修書院》。關於此書内容的評價，《四庫全書總目提要》以爲『是時尚當國朝定鼎之初，百度新舉，往往尚沿明制。文學所論，蓋只其一時之利弊云爾』。又錢《述》則以爲是書『證古嚮今』，季《序》以爲『《本論》中種種諸事，皆公既已行之而有成驗者』，『係于天下實大，非特淮也』。四庫館臣以胡氏所論爲一時之弊而病之，而錢氏、季氏於胡氏此書又不無溢美之詞。質而言之，胡氏身當明末兩淮鹽法積弊之後，能有所建樹，且載之於書，於考清初鹽政，當有其價值所在。

是書卷首錢《述》右下有『商丘宋筠蘭揮氏』『己丑進士太史圖書』朱文正方印。又目録首葉『淮鹺本論目次』下有『曾在趙元方家』朱文長方印。又卷上首葉左下有『榮光樓藏書』朱文正方印。

按，『商丘宋筠蘭揮氏』『己丑進士太史圖書』『榮光樓藏書』并爲清初商丘宋筠之藏書印。宋筠（1681~1760），字蘭揮，號晉齋，河南商丘人。爲大學士宋權之孫，吏部尚書宋犖之子。康熙四十八年己丑（1709）進士，官翰林院檢討，歷官至奉天府尹。筠父犖即富藏書，有藏書室『魚麥堂』『緯蕭草堂』『松庵』，康熙時嘗進呈《西陂藏書目》。犖開府江蘇，十有四年，筠少歲隨侍，與諸名宿遊，擅詩文，富藏書，有藏書樓『青綸館』，汲古閣秘本多爲其所得。編有《青綸館藏書目録》三卷，見《清史稿・藝文志》著録。

閱淮鹺本論有述

余老躭空門。謝絕剝啄。江淮士友。不忘舊學。踵門納屨。盱衡時事。談鹽使者四明胡公新政。交口贊誦曰。

淮鹺本論上卷

東海胡文學道南著

停兌會

淮鹽課歲四季月輸司農舊矣軍興飛輓棘滇黔閩粵之疆荷戈者呼庚癸大司農取道里近率先期撥給于是淮課皆充協濟不復解京師視軍前緩急數無定額多至數十百萬期會趣自王正至春三二月務報具遲者罰飛檄甫至

江蘇巡撫林則徐馬政奏册

《江蘇巡撫林則徐馬政奏册》不分卷，清林則徐撰。線裝一册。稿本無版框。

林則徐（1785~1850），字少穆，福建侯官人。嘉慶十六年（1811）進士，選庶吉士，授編修。歷官江西鄉試副考官、國史館纂修、江南道監察御史、江寧布政使、陝西按察使、河東河道總督、江蘇巡撫、湖廣總督、兩江總督、兩廣總督等，贈太子太傅。林則徐才識過人，而待下虛衷，人樂爲用，所蒞治績皆卓越。如道光之季，東南困於漕運，宣宗密詢利弊，疏陳補救本原諸策，上《畿輔水利議》。又如道光十八年（1838）嘗受命欽差大臣，赴廣州禁煙，焚於虎門海濱，并整頓海防。著述有《詩餘》《俄羅斯國紀要》《信及録》《四洲志》《林文忠公家書》《林文忠公政書》《林文忠公禁煙奏稿》《滇軺紀程》《畿輔水利議》《荷戈紀程》《雲左山房文鈔》《雲左山房詩鈔》等。

是册封面墨筆題『江蘇巡撫林則徐馬政奏册』，其左邊有『道光十六年』五字，知此書爲道光十六年之奏摺。又全書即《爲請定歲底奏報以肅馬政事》一摺，摺前職銜爲『兵部侍郎兼都察院右副都御史署理兩江總督江蘇巡撫』，又摺末署『道光拾陸年拾壹月二十二日兵部侍郎兼都察院右副都御使署理兩江總督江蘇巡撫臣林則徐』，可知此摺爲林則徐道光十六年十一月二十二日所上關於馬政之奏摺。按，根據《中研院歷史語言研究所内閣大庫檔案》058321號、058321號，知此時林則徐得兵部侍郎及都察院右副都御史之坐銜。又據《清史稿》本傳，林則徐『十二年，調江蘇巡撫』。又《道光實録》卷二七七載，道光十六年正月，『即將兩江總督印務交林則徐暫行兼署』。可知林則徐自道光十六年正月即以江蘇巡撫署理兩江總督，與此摺所署職銜相合。又此册每葉版心下方皆鈐『江南江西總督關防』滿漢朱文長方印，卷末所署時間及職銜亦鈐『江南江西總督關防』滿漢朱文長方印，可推知此册即林則徐上呈道光之馬政奏册。故此册可定爲道光十六年稿本。

是書每半葉十二行，行二十二字。因奏摺格式特殊，除『聖鑒』『御覽』等定格外，其餘文字或低一格，或低兩格，或低十二格。全書無邊欄及行格，版心無葉碼。

此摺爲道光十六年林則徐在以江蘇巡撫署理兩江總督任上，將有關道光十五年江南通省上下、兩江總督提鎮協各標營買馬價值總撒書目繕寫進呈御覽之黄册。此册詳細開列了道光十五年江南通省、兩江總督提鎮各標營額設、買馬細目。又此摺未收入今人所編《林則徐全集》（海峽文藝出版社，2002），故對於補《林則徐全集》之未備，以及考道光時期江南通省及兩江總督提鎮各標營之設置、員額及馬政之具體情況，具有一定價值。

是書每葉版心下方及卷末題署時間及銜名處均鈐『江南江西總督關防』滿漢朱文長方印，此乃清代總督上呈奏摺必鈐關防之通例。又首葉右側中部有『元方藏書』正文正方印，右側上方有『北京市文物管理處藏書』朱文長方印。

兵部侍郎兼都察院右副都御史署理兩江總督江蘇巡撫臣林則徐謹

題爲請定歲底

奏報以肅馬政事據江寧布政使楊簧署安徽布政使

周天爵署蘇州布政使積拉明阿將江南通省上下

兩江督提鎮協各標營道光拾伍年分買馬價餉總

撒數目逐一分別管收除在彙造四柱總冊呈送前

來臣覆核無異除造清冊分送部科道查核外臣謹

恭繕黃冊

進呈

御覽伏乞

聖鑒施行爲此造冊謹具

題

協標左右浦口溧陽潛山
徽州寧國池州蕪菜廣德
泗州壽春鎮標中右宿州
六安廬州穎州亳州等營

額設
提督壹員
總兵肆員
副將叁員
參將捌員
遊擊貳拾叁員
都司貳拾肆員
守備肆拾伍員

黃山志定本

《黃山志定本》七卷首一卷，清閔麟嗣編。線裝七册。版框高19.5釐米，廣27.6釐米。

閔麟嗣（1628~1704），字賓連，安徽歙縣人。工詩古文，精書法。與王定九、魏禧、吴符驤等友善。性喜遊賞，踪迹幾遍天下，所遊皆有詩。沈德潛《清詩别裁集》卷六謂其『《廬山》一集，尤膾炙人口』。著述有《周末列國所有郡縣考》《古國都今郡縣合考》《黃山志定本》《黃山松石譜》《廬游草》《悟雪草堂集》等。閔嗣麟《黃山志定本》七卷，據其《自序》所言，以『近刻《黃山志》裁撰未精，難以信後行遠』，故『不揣簡陋，重修如左』。其重修《黃山志》，據其《黃山志定本發凡》所言，是『以前刻爲粉本』，增删修訂而成。具體做法，《發凡》言『前五篇采用全文者少，出於重譔者多，後二篇詩文强半皆舊志所載，予選其十之三四復增定之』。概而言之，即前五卷多出重譔，而後兩卷則主要據前志增删。又是書撰作時間，《發凡》云：『志始於康熙己未夏五月，其相助有成者，惟予友汪士鋐之力爲多。六月志乘，七月既望繕寫入梓。』可知是志撰修始於康熙十八年（1679）五月，一月而畢，至七月即繕寫刊刻。故此書初刻在康熙十八年七月。其後，在康熙二十五年又據以重刻。至民國二十四年（1935），程演生又據康熙二十五年重刻本影印入《安徽叢書》。《黃山志定本》成書後，至乾隆修《四庫全書》時，著録於《四庫全書總目提要·史部·地理類存目》，清丁仁《八千卷樓書目》卷八《史部·地理類》亦有著録。

此版《黃山志定本》，卷前有康熙十八年黃士塤叙、康熙丙寅吴苑序、康熙丙寅汪錞序、康熙己未吴綺序。康熙丙寅即康熙二十五年，故可知此版《黃山志定本》乃康熙二十五年重刻本。《目録》後有云：『江寧業彭齡繕寫、周長年繡梓，旌德湯能臣、上元栢青芝鐫圖。』據此可知繕寫、刻字、鐫圖各人。

是書卷前黄士塤、吴苑、汪錞、吴綺各序，蓋皆以手迹上版，每半葉四行，每行字數六到十字不等。皆四周雙邊，白口，無魚尾，版心上書口處鐫刻『某序』及葉碼，如黄士塤序第一葉版心上書口處刻『黄序一』。正文每半葉九行，行二十一字，小字雙行同。正文部分，除卷首《山圖》爲四周單邊外，餘皆四周雙邊，白口，無魚尾，版心上鐫刻『黄山志定本』，版心中部刻卷次，卷次下爲篇章之名，若『山圖』『形勝』『建置』之屬，版心下刻葉碼。

閔氏此書乃删改增補前人之作而成。卷前爲黄士塤、吴苑、汪錞、吴綺各家序及自序，卷首爲目録、發凡、詞翰姓氏、山圖。正文七卷，依次爲卷一形勝志第一，卷二建置志第二、山産志第三、人物志第四，卷三靈異志第五、藝文志第六上，卷四藝文志第六中，卷五藝文志第六下，卷六、卷七爲賦詩志第七上下。黄士塤序言『閔子之於書，成一家之言，在山志中得未曾有，有功於黄山者甚巨』，汪錞謂此書『裁制精嚴』云云，均不無溢美之言。四庫館臣則以爲是書『搜輯頗博，而不盡精核』。今人刘尚恒《淺談閔纂〈黄山志定本〉》（刘尚恒《二餘齋叢稿》）謂是書大體上『集思廣益，自成體系』，『網絡宏富，詳略得當』，『内容詳實，精於考訂』，『體例嚴謹，分類得當』，但亦有『取材不精，或踵前人之誤，或限於自己的寡聞，收録一些不該收的東西』。蓋四庫館臣與劉尚恒所言較公允。

是書卷前黄士塤《叙》首葉右下有『趙氏元方』朱文正方印。

黃山志定本發凡

是志凡七篇雖以前刻爲粉本前五篇採用全文者少出於重譔者多後二篇詩與文強半皆舊志所載予選其十之三四復增定之則志爲黃山新志矣何襲之嫌乎其以編輯屬之者何曰以始事故古人之祭川也先河而後海或源也或委也予深惡夫見委而忘源也○原志四字行文倍於散行今本每則落落寫意不能以組織擅長而以簡樸藏拙矣黃山如海庶幾蠡測幸免後塵之譏豈博積薪之譽○始信峰光明頂石筍矼諸

愛日精廬藏書志

《愛日精廬藏書志》三十六卷《續志》四卷，清張金吾撰。線裝十册。版框高19釐米，廣27.4釐米。

張金吾（1787~1829），字慎旃，號月霄，昭文（今江蘇常熟）人。嘉慶十四年（1809年）補博士弟子員。金吾幼穎敏，喜博覽，及長而學爲考據，精研經學及版本目録之學。家世有藏書，其季父張海鵬嘗刻《學津討原》《墨海金壺》《借月山房彙鈔》諸叢書。海鵬校刊《太平御覽》，金吾助之，鈎稽審核，覽者稱焉。金吾嘗慕鄉先輩毛晉汲古閣、錢曾述古堂之遺風，搜求秘籍，篤志藏書，有『詒經堂』『詩史閣』『求舊書莊』諸藏書處，皆藏古今書卷。金吾嘗取所藏宋元槧本及新舊鈔之爲世罕見者，編爲《愛日精廬藏書志》三十六卷《續志》四卷。嘗輯金源一朝著作，成《金文最》一百二十卷，又輯宋元來諸家經説，編爲《詒經堂續經解》一千四百三十六卷，以補《通志堂經解》之未備。此外，著述尚有《釋冕》《釋龜》《廣釋名》《五經博士考》《十七史引經考》《白虎通注》等。張金吾生平事迹詳見清閔爾昌《碑傳集補》卷四八黄廷鑒《張月霄傳》。

張金吾《愛日精廬藏書志》一書，初編於嘉慶二十五年。據書前所存嘉慶庚辰仲夏所作之舊序云：『金吾年二十始有志儲藏，更十年合舊藏新得以卷計者，不下八萬。今夏略加詮次，爲目録一十卷，又擇傳本較稀及宋元明初刊本暨傳寫文瀾閣本另爲一編，凡萬二千卷，非有裨學問，藉資考鏡者，不與焉。若有明及時賢著述，時代既近，搜羅較易，故亦從略。其前此逸在名山，爲世所不經見者，則間附數言，以識流别，名曰《愛日精廬藏書志》。又張金吾《言舊録》於嘉慶二十三年戊寅三十二歲言：『編《愛日精廬藏書目》二十卷、《藏書志》四卷。』道光三年癸未（1823）三十七歲言：『己卯排印《藏書志》四卷。』又《愛日精廬藏書志》所載張金吾道光六年丙戌序言：『庚辰夏，編《藏書志》四卷，以活字印行。』此四處所記《愛日精廬藏書目》《藏書志》編纂排印時間及《書目》卷次略有參差。按，張氏藏書極富，詮次書目殆非短時可竣，或可詮次編目及纂《藏書志》始於嘉慶二十三年，二十四年開始以活字排印《藏書志》，至二十五年夏而竣，成《愛日精廬藏書目》二十卷及《愛日精廬藏書志》四卷。在編印《愛日精廬藏書志》四卷之後，『六七年來，增益頗多，乃重加編次，附入原書序跋，釐爲三十六卷，仍其名曰《愛日精廬藏書志》』。又《言舊録》道光三年癸未三十七歲言：『重編《愛日精廬藏書志》三十六卷。己卯排印《藏書志》四卷，後續得宋元刊本頗多，乃重加編次，增入原書序跋之不甚經見者，釐爲三十六卷，刊《愛日精廬藏書志》始。』又道光六年丙戌四十歲言：『編《愛日精廬藏書續志》四卷。』又七年丁亥四十一歲言：『刊《愛日精廬藏書志》三十六卷《續志》四卷告成。』道光三年重編《愛日精廬藏書志》并付梓，道光六年編《續志》，至道光七年《愛日精廬藏書志》三十六卷《續志》四卷刻梓告竣。此蓋《愛日精廬藏書志》及《續志》之成書及刊刻過程。

此版《藏書志》三十六卷《續志》四卷，據書前牌記所云乃『光緒十三年六月吴縣靈芬閣徐氏用集字版校印』。由此可知此本爲光緒十三年（1887）吴縣徐氏靈芬閣活字印本。

此版《愛日精廬藏書志》三十六卷并《續志》四卷，每半葉十一行，行二十一字，小字雙行同。此版書前之序皆頂格排。至正文，則書名卷次如『愛日精廬藏書志卷幾』頂格，部名如『經部』『史部』等低一格，類目如『易類』『書類』等低兩格，著録各書名頂格，至於每書張金吾所附識語、所録原書序跋則低兩格。全書四周單邊，黑口，雙魚尾，兩魚尾之間，上魚尾之下印『藏書志卷幾』，下魚尾之上印葉碼，版心下書口處印『愛日精廬』四字。

是書乃張金吾據家藏之書，擇其精善稀見者，附以識語及原書序跋，編纂而成。全書合正續志計四十卷，分經、史、子、集四部，部下再分小類，計經部十類，史部十三類，子部十二類，集部五類，共四十類，著録善本七百六十五部。張氏《例言》述此書之采録標準云：『是編所載，止取宋元舊槧及鈔帙之有關實學而世鮮傳本者，其習見之書概不登載，若明以後諸書時代既近，搜羅較易，擇其尤秘者，間録數種，餘俱從略。是編義取闡明經訓，考證古今，故經史兩門所録較備，若别集一類，古人精神所寄，要皆卓然可傳，故亦兼收并采，不名一格。至若藝術、譜録、九流小説以及二氏之書，擇其稍古而近理者略存數種，以備一家。』故是書多著録宋元善本及舊鈔本，於經史著録尤備，而略於藝術、譜録、小説、佛道二家及别集。全書亦多有四庫未收之書。又其解題叙録，據《例言》所述，於《四庫全書總目》已論者不復贅一詞，『其或書出較後，未經采入四庫者，仿晁、陳兩家例略附解題，以識流别』。而所附序跋，據《例言》可知，本馬端臨《文獻通考·經籍考》，『略仿其體』。對於序跋之采擇標準，『凡世有刊本，暨作者有專集行世，其序其跋載於集中者，以及經部之見於《經義考》《小學考》，唐文之見於《全唐文》者，不更録入外，餘則備載全文，俾一書原委燦然可考』，『所載序跋斷自元』。故此書解題叙録多『有裨學問，藉資考鏡』，而又可補《四庫全書總目》《經義考》《小學考》等書之闕。

是書無藏書印記。

愛日精廬藏
書志卅六卷
續志四卷

武進費念慈

集部

別集類

秋澗先生大全文集一百卷 舊抄本

元王惲撰

昔我世祖皇帝肇登大寶思惟祖宗鴻業昭載信史傳播無窮於是招延碩儒建立史館時秋澗王公年方而立首選爲修撰公資魁碩宏雅抱負甚偉挺然有濟之志而以斯文爲己任蒐奇抉勝窮鶩遐騁一歸於義理之正治世之音笙鏞奏爾亞歌諧也其後薦歷顯要進言折務切中時宜薦紳之士舉皆歸美逮自外臺徵長翰林器益閎

子部文獻

白虎通德論

《白虎通德論》二卷，東漢班固撰，明嘉靖元年（1552）刻本。線裝2册，版框高17.3釐米，廣26.4釐米。是書半葉十行，行十六字。左右雙邊。黑魚尾，單魚尾。烏絲欄。白口。板心中刻『白虎通卷上』『白虎通卷下』與各卷葉碼。書前有元大德九年（1305）張楷序、大德九年嚴度題記，明嘉靖元年夏五月泠宗元《刻白虎通序》。據泠序可知，此本爲1552年太平府知府傅鑰（字希準）刻本。

每卷卷首題『白虎通德論卷之上』『白虎通德論卷之下』，次行低三格題『漢玄武司馬班固纂集』，再次行低二格題各卷小目，而後頂格書寫内容，卷末又題『白虎通德論卷之上』『白虎通德論卷之下』。全書共二卷四十四門。

《白虎通德論》是東漢班固根據漢章帝建初四年（79）白虎觀會議的會議紀録《白虎議奏》編纂而成的，内容以漢代經學議題講論爲主。《後漢書·章帝紀》記載：『於是下太常，將大夫、博士、議郎、郎官及諸生、諸儒會白虎觀，講議五經同異，使五官中郎將魏應承制問，侍中淳于恭奏，帝親稱制臨決，如孝宣甘露石渠故事，作《白虎議奏》。』《後漢書·班固傳》云：「天子會諸儒講論五經，作《白虎通德論》，令固撰集其事。」可見白虎觀會議的召開，是官方爲了統一評判各家經義分歧的問題，諸儒的討論由章帝做最後的決斷，最後輯録的會議紀録就是《白虎議奏》，後來班固又整理成《白虎通德論》一書。由於班固《白虎通德論》是以《白虎議奏》整理而成，故後世普遍認爲是指稱同一本書，《白虎通德論》又簡稱《白虎通》《白虎通義》。然而，據清代莊述祖《白虎通義考》、《白虎通德論》和《白虎議奏》并不是同一本書，不能等同而論。《隋書》《舊唐書》《通志》著録爲『《白虎通》六卷』，《新唐書》著録《白虎通義》六卷。《崇文總目》、《郡齋讀書志》、《文獻通考》著録「《白虎通德論》十卷」，《直齋書録解題》、《宋史》著録《白虎通》十卷。清丁仁《八千卷樓書目》著録有《白虎通義》四卷，又有明刊、清刊數種二卷本。基本上宋代以後的十卷本、四卷本、二卷本，内容都是四十四門類。關於《白虎通》的佚文，清人也作了不少補訂。

是書張序首葉有『持之』朱文方印，『洪仁之印』白文方印，『涵齋』朱文方印。嚴度題記首葉有趙鈁（1905~1984）『無悔齋藏』朱文長方印，冷序首葉有『無悔齋藏』朱文長方印。上卷首葉有董康『曾在董氏誦芬室中』朱文長方印，『北京市文物管理處藏書』朱文長方印。上卷末葉有袁廷檮『廷檮』朱文方印。下卷首葉有『持之』朱文方印，『洪仁之印』白文方印，『涵齋』朱文方印，『董康秘笈之印』白文方印白文方印。下卷末葉有『元方寀定』朱文方印，『董康暨侍姬玉奴珍藏書籍記』，『廷檮』朱文方印。根據藏印，可知此書先後爲袁廷檮、董康、趙鈁收藏。

傅鑰，字希準，遼東廣寧人，正德辛未進士。

袁廷檮（1764~1810），江蘇長州人，字壽階，號又愷。齋室名紅蕙山房、五硯樓，與周錫瓚、黄丕烈、顧之逵號藏書四友。

董康（1867~1947），江蘇常州人，字授經，號誦芬主人。藏書處名誦芬室，收藏重點以宋元本、嘉靖以前古本，及民間戲曲小説爲要。曾於民初大量出售藏書給日本商人大倉喜八郎、北平圖書館。2013年12月，大倉文庫藏書爲北京大學圖書館收購典藏。

白虎通德論序

白虎通之爲書其來尚矣群書中多見其引用然不知止於何代誰氏之手考之載籍始於漢建初中淳于恭作白虎奏議又班固傳作白虎通德論唐藝文志亦載班固等白虎通義六卷此其所自與平生欲見其完書未之得也余分水監歷常之無錫有郡之耆儒李顯翁晦識余於官舍翌日攜是帙來且云

州守劉公家藏舊本公名世常字平父迺

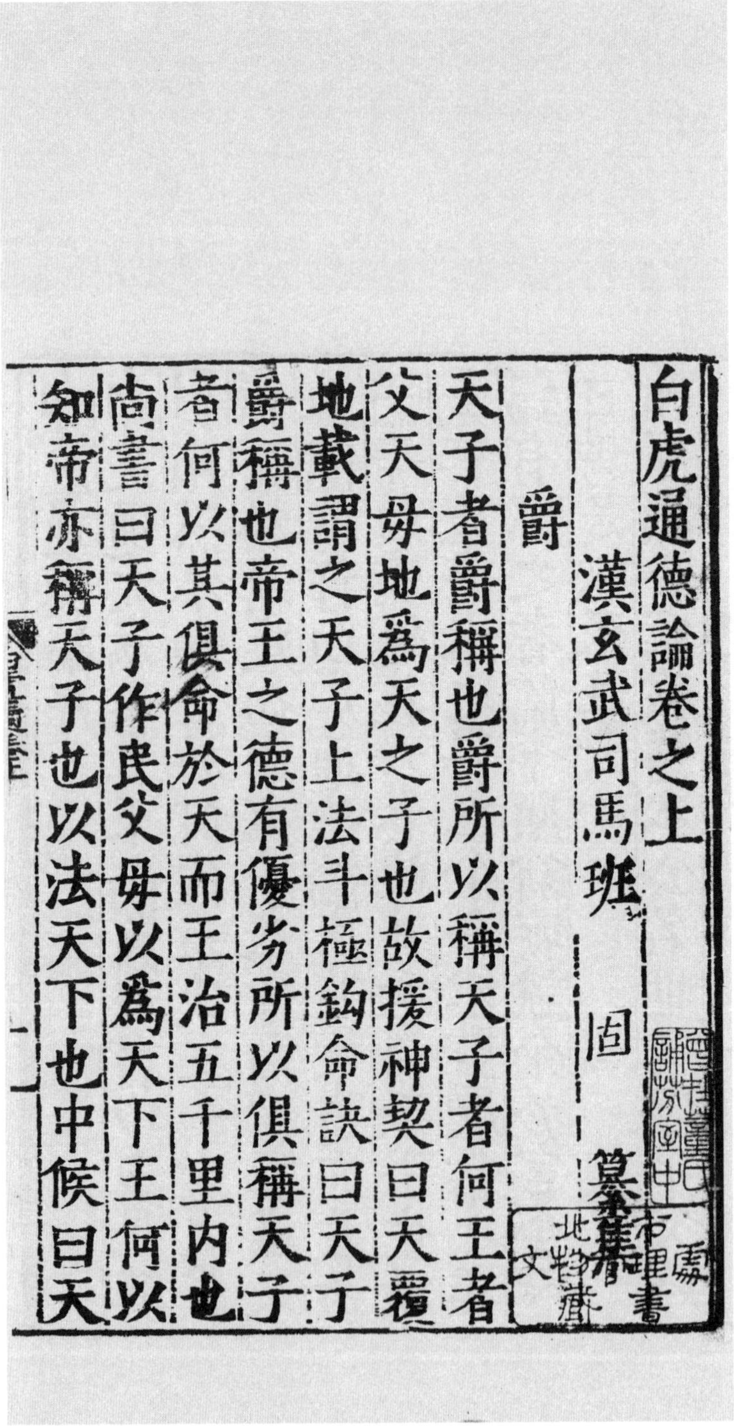

白虎通德論卷之上

漢玄武司馬班　固　纂集

爵

天子者爵稱也爵所以稱天子者何王者父天母地爲天之子也故援神契曰天覆地載謂之天子上法斗極鈎命訣曰天子爵稱也帝王之德有優劣所以俱稱天子者何以其俱命於天而王治五千里內也尚書曰天子作民父母以爲天下王何以知帝亦稱天子也以法天下也中候曰天

白虎通卷上　一

太玄經解贊

《太玄經解贊》十卷存三卷，晉范望撰。線裝五册，内爲金鑲玉裝。版框高20.4釐米，廣27.8釐米。

《太玄》爲漢揚雄詮釋《周易》之作，成書時已號爲難解。建安中宋衷、陸績等加以疏訓，其後晉范望以此爲基礎，著成《太玄經注》，爲《太玄》今存最早著本。《太玄》原分贊辭爲三卷，次列《首》《冲》《錯》《測》《摛》《瑩》等十一篇。范望『以陸爲本，録宋所長，訓理其義，爲十卷。且以《首》分居本經之上，以《測》散處《贊辭》之下。』即爲『觀覽講解差便』，重爲釐定卷數，爲後世沿襲。范注於《太玄》經傳通解，主要用力在『經』部分，即對八十一首七百二十九贊的注解方面，故是書亦名《太玄經解贊》。范注體例中『家性』與『行數』最能代表范注特色，形成范氏獨特的『太玄學』。

是書首録《陸績述玄》，次録《説玄五篇》，題『唐宰相王涯字廣津纂』，分爲『明宗一』『立例二』『揲法三』『占法四』『辯首五』。末題『太玄説玄五篇，右廸功郎充兩浙東路提舉茶鹽司幹辦公事張寔校勘』。次録《太玄經釋文》一卷，分十部分，爲音釋之作，注音为主，間釋字義，注音方式有反切法和直音法兩種，又有著録異文、標明古今字、引用陸績之説辯字之誤者。『太玄從中至增第一』下有雙行小字注謂：『此本自侯芭、虞翻、宋衷、陸績互相增損，傳行于世，非後人之所作也。』可知此《釋文》創作年代。次録玄圖一張，旁注云：『楊氏始著玄時已有此圖，後世妄儒多稱己撰，誣罔世俗，不爲媿耻。況范望注玄圖云。圖畫四重，解釋甚明，學者宜譯焉。萬玉堂。』

是書每半葉八行，行十七字，雙行小字同。四周雙邊，白口，單魚尾。版心中部刻書名及葉數。版心下方鐫刻

『萬玉堂』。又據目録著録及相關版本書影，知此本爲明嘉靖間孫沐萬玉堂刻本。

是書《陸績述玄》葉藏書印有『一廛十駕』朱文正方印、『趙鈁珍藏』白文正方印、『曾在趙元方家』朱文長方印，卷一有『北京市文物管理處藏書』朱文長方印。

陸績述玄

績昔嘗見同郡鄒邠字伯岐與邑人書歎揚子雲所述太玄連推求玄本不能得也鎮南將軍劉景升遣梁國成奇脩好鄙州奇將玄經自隨時雖幅寫一通年尚暗稚甫學書毛詩王誼人事未能深索玄道眞故不爲也後數年專精讀之半歲間粗覺其意於是草創注解未能也章陵宋仲子爲作解詁後奇復

說玄五篇

唐宰相王　涯　字廣津　纂

明宗一

玄之大旨可知矣其微顯闡幽觀象察法探吉凶之朕見天地之心同夫易也是故八十一首擬乎卦者也九贊之位類夫爻者也易以八八爲數其卦六十有四玄以九九爲數故其首八十有一易之占也以變而玄之筮

鬼谷子

《鬼谷子》一卷，題鬼谷子撰。線裝一冊。版框高21.4釐米，廣26.2釐米。

鬼谷子，戰國時人，縱横家代表人物，蘇秦、張儀所師事者。隱居於潁川陽城，名氏不傳於世。舊題鬼谷子的著作，有《白虎通五經訣》一卷、《李虚中命書》三卷等。

是書第一冊封面有趙鈁朱筆『明藏脩館刊鬼谷子』。書内每葉版心下方鐫刻『藏脩館』，可知其版本。首録《鬼谷子序》，辨其作者及淵源，論其流傳與著録。次《目録》，分爲捭闔、反應、内揵、抵巇、飛箝、忤合、揣篇、摩篇、權篇、謀篇、決篇、符言、轉丸、胠篋十四篇，後兩篇下小字注『亡』。次正文。次又録《鬼谷子外篇》，包括本經陰符七篇、持樞、中經。

是書每半葉九行，行二十字，雙行小字同。左右雙邊，白口，單魚尾。版心中部鐫刻書名及葉數，版心下方鐫刻『藏脩館』。正文卷首頂格刊刻『鬼谷子』，篇名低兩格刊刻，正文頂格刊刻。《外篇》版式同。

《郡齋讀書志》『縱横家類』載《鬼谷子》三卷，謂：『（鬼谷子）戰國時隱居潁川陽城之鬼谷，因以自號。長於養性治身，蘇秦、張儀師之。叙謂此書即授之二子者，言捭闔之術，凡十三章。《本經》《持樞》《中經》三篇，梁陶弘景注。《隋志》以爲蘇秦書，《唐志》以爲尹知章注，未知孰是。陸龜蒙詩謂鬼谷先生名詡，不詳所從出。柳子厚嘗曰：「劉向班固録書無《鬼谷子》。《鬼谷子》後出，而嶮盭峭薄，恐其言妄亂世難信，尤者晚乃益出《七術》，怪謬異甚，言益隘，使人倡狂失守。」來鵠亦曰：「鬼谷子昔教人詭紿激訐，揣測憸滑之術，悉備於章旨，六國時得之者，惟儀、秦而已。始捭闔、飛箝，實今之常態。」是知漸漓之後，不讀鬼谷子書者，其行事皆若自然符合也。昔倉頡造字，鬼爲之哭。不知鬼谷作是書，鬼複何爲邪？世人欲知鬼谷子者，觀二子言略盡矣。故掇其大要，著之篇首。』《四庫全書》入此書於『雜家類』。

是書《序》葉鈐有『趙元方藏』朱文長方印，可知爲趙鈁藏書。

鬼谷子序

隋書經籍志鬼谷子三卷，皇甫謐注。鬼谷子，楚人也，周世隱於鬼谷。梁有陶弘景注三卷，又有樂壹注三卷。從横者，所以明辯說，善辭令，以通上下之志者也。漢書以爲本出行人之官，受命出疆，臨事而制。故曰：誦詩三百，使於四方，不能專對，雖多亦奚以爲。周官掌交以節與幣，巡邦國之諸侯及萬姓之聚，導王之德意志慮，使辟行之，而和諸侯之好，達萬民之説，諭以九税之利、九儀之親、九牧之維、九禁之難、九戎之

鬼谷子

捭闔第一

粤若稽古聖人之在天地間也爲衆生之先觀陰陽之開闔以命物知存亡之門戶籌策萬類之終始達人心之理見變化之朕焉而守司其門戶故聖人之在天下也自古至今其道一也變化無窮各有所歸或陰或陽或柔或剛或開或閉或弛或張是故聖人一守司其門戶審察其所先後度權量能校其伎巧短長夫賢不肖智愚勇怯仁義有差乃可捭乃可闔

律呂原音

《律呂原音》四卷，愛新覺羅・永恩撰。線裝四册。版框高16.8釐米，廣27.1釐米。

是書目前存藏數量較少。書前有康親王永恩乾隆三十八年自序，則刊行當更在其後，具體刊刻時間、地點不詳。全國古籍普查登記數據庫中，僅著録山西圖書館藏有一部，據扉葉上板章『會稽山陰』，登記爲『會稽山陰』刻本。然此『會稽山陰』顯非刊刻地點。永恩自稱『蘭亭主人』，『會稽山陰』蓋由此而來。《四庫未收書輯刊》第一輯第五册，曾據中國科學院圖書館所藏之本影印，爲目前較易得之本。

又以此本與《四庫未收書輯刊》影印本比對，此本序後闕四葉，所缺内容爲河圖、洛書兩幅并説解文字。

是書半葉十行，行十九字，四周雙邊，雙黑魚尾，大黑口，版心記卷數，并記當卷葉碼。

是書卷首首行頂格書『律呂原音卷之某』，次行空六字，題『康親王蘭亭主人鑒訂』。各篇篇題提行空兩格，正文頂格書寫。

是書書名葉有上板章『會稽山陰』『康親王寶』『蘭亭主人』。書序有上板章（存疑，需核查原書）『蘭亭』，及『曾在趙元方家』『固始張氏鏡菡榭印』鈐印。序末有『康王之寶』『緑漪主人』『風流日長』印。第一卷卷首有趙鈁『無悔齋校讀記』。書末有『趙鈁』『趙氏元方』印。固始張氏之印，書中間或出現。

根據藏印情況判斷，此本或原是康王府中之本，後爲固始張瑋所得，後藏於趙元方家。

是書前有自序，稱述其意，以爲律呂之興由來尚矣，而詩歌之創作皆合於聲律。自唐而降，吴楚之音與外方志伎雜亂正音，則樂律雜。此書之作正在探討古今音律之變，綜合古今之著述而講明聲律歌詩之學。其書乃叢鈔之作，取古時有關律吕制度，推定律吕度數，探討詩樂關係之内容編次爲四卷。

愛新覺羅·永恩（1727~1805），清朝宗室，努爾哈赤次子禮烈親王代善後裔，和碩康修親王崇安子，字惠周，號蘭亭主人。雍正十二年，封多羅貝勒。乾隆十八年，襲封康親王。四十三年，復號和碩禮親王。

張效彬（1882~1968），名瑋，字效彬，號敔園。河南固始人。清末大臣張仁黼之子。曾留學英國劍橋大學，回國後任教于京師法政新學堂。北洋政府時期，曾出使俄羅斯，歷任多地總領事。富收藏。

律呂原音

序

原夫聲律之興由来尚矣肇自庖犧有二十五絃之瑟始作荒樂命曰立基即鳳来之頌也則五音之祖自茲而發源五音者五行之氣也氣和

律呂原音卷之一

康親王　蘭亭主人　鑒訂

五聲合五行

宮屬土商屬金角屬木徵屬火羽屬水○五聲之本生於黃鐘之律其長九寸每寸九分九九八十一是爲宮聲之數三分損一以下生徵則去二十七得五十四也徵三分益一以上生商則加十八得七十二也商三分損一以下生羽則去二十四得四十八也羽三分益一以上生角則加十六得六十四也角聲之數三分之不盡一算其數不行

封氏聞見記

《封氏聞見記》十卷，唐封演撰，清乾隆二十一年雅雨堂刻本。線裝二册。版框高18.5釐米，廣28.8釐米。

是書據扉葉『乾隆丙子鐫』『雅雨堂藏板』，爲盧見曾1756年雅雨堂刻本。又據書末晚明常熟人陸貽典（1617~1686）跋，知此書底本乃明萬曆吴岫（字方山）藏本，後爲常熟孫伏生所得，并取秦酉巖别本校之，陸氏復假孫本抄録之。

是書每半葉十行，行二十一字。四周單邊。黑魚尾，單魚尾。烏絲欄。書口上刻『封氏聞見記』，板心中刻卷次與各卷葉碼。書前有乾隆丙子盧見曾序，書末有元至正辛丑上元夏庭芝（1300~1375）跋，明姑蘇吴岫跋，明朱良育跋，明萬曆辛丑常熟孫伏生跋，明陸貽典跋。孫氏跋又云夏氏跋、朱氏跋乃從秦酉巖本所補録，此知是書所據底本之孫氏校本，乃吴本與秦本互校而成。

每卷卷首題『封氏聞見記卷第○』，次行低二格題『唐朝散大夫檢校尚書吏部郎中兼御史中丞封演』，再次行低三格始列各卷小目，而後頂格書寫内容，卷末又題『封氏聞見記卷第○』。内容有缺行情况，散佚文字用『□』方格表示，散佚段落直接標明『闕』『缺二字』『以下缺』等。如卷一『儒教』條首行缺字，標有『缺一行』小字；卷三『風憲』條全數亡佚，衹標『闕』字。

《封氏聞見記》是晚唐五代學者封演的筆記，保存諸多唐代珍貴史料，内容遍及道教、儒教、文字、典籍、石經、聲韻、貢舉、制科、銓曹、尊號、定謚、明堂、鹵簿、官銜、圖畫、飲茶、石誌、碑碣、紙錢、佛圖澄姓等。

《新唐書·藝文志》著録有『封氏聞見記五卷』，晁公武《郡齋讀書志》著録『封氏見聞記五卷』，陳振孫《直齋書録解題》著録『封氏見聞記二卷』，高似孫《史略》著録『封氏見聞記五卷』，鄭樵《通志》著録『封氏見聞記五卷』，馬端臨《文獻通考》著録『封氏見聞記五卷』，到了晚明紹興祁承㸁（1563~1628）《澹生堂藏書目》同時著録兩種版本『《封氏聞見記》五卷一册』和『《封氏聞見記》十卷』。今據書末正德朱良育跋『《封氏聞見記》自六卷至十卷，友人唐子畏見借所鈔，特以不全爲恨。近又于柳大中借鈔前五卷，庶幾爲全書』可知，朱良育十卷本爲唐寅（字子畏，1470~1523）本和柳大中本之合鈔。盧見曾認爲，《封氏聞見記》從五卷擴充到十卷，應該是後人輾轉相録所致。

乾隆丙子鐫

封氏聞見記

雅雨堂藏板

封氏聞見記卷第一

唐朝散大夫檢校尚書吏部郎中兼御史中丞封演

道教

本自黄帝至老君祖述其言故稱爲黄老之學戰國時圉冦蒙莊之徒著書咸以黄老爲宗師圉冦天瑞篇引黄帝之書曰谷神不死是爲元牝元牝之門是爲天地根綿綿若存用之不勤此章黄帝之言而存五千之内則老氏所書同出已明矣其後學道學儒學墨諸家分明各爲一教漢武帝進用儒術黄老由是見廢後漢桓帝夢見老子詔陳相孔壽立廟於苦縣刻石爲銘今一本

匡謬正俗

《匡謬正俗》八卷，唐顏師古（581~645）撰，清乾隆二十一年（1756）雅雨堂刻本。

線裝2册，版框高18.5釐米，廣28.8釐米。是書無藏印。

是書半葉十行，行二十一字。四周單邊。黑魚尾，單魚尾。烏絲欄。書口上刻『匡謬正俗』，板心中刻卷次與各卷頁碼。書前有乾隆丙子盧見曾序，顏師古之子顏揚庭永徽二年十二月（651）《上匡謬正俗表》，永徽三年褒獎《匡謬正俗》敕令一則，以及南宋汪應辰（1118~1176）紹興十三年識語兩條。盧序指出：『元明以後未見刻本，爲梓而行之，以廣其傳。』可見清代以前《匡謬正俗》多以鈔本傳世，至雅雨堂刊行纔得以流行。今日除盧本外，還有吴省蘭、錢熙輔《藝海珠塵》叢書刊本，黄丕烈影宋鈔本，以及張紹仁校本。

每卷首題『匡謬正俗卷第○』，次行低五格題『故秘書監瑯琊縣開國子顏師古撰』，而後頂格書寫小目，小目下直書内容，卷末又題『匡謬正俗卷第○』。玄字避諱改『元』。全書共計八卷128小目。

顏師古是初唐著名經學家，唐京兆萬年縣人。精通訓詁音律，貞觀四年受詔於秘書省考訂五經文字，撰《五經定本》，成爲修纂《五經正義》的基礎。又作《後書注》一百卷，《急就篇注》四卷，《匡謬正俗》未完稿八卷。《崇文總目》著録是書爲『刊謬正俗八卷』，《册府元龜》《直齋書録解題》《玉海》《通志》《文獻通考》《國史經籍志》同。《新唐書藝文志》作『匡謬正俗八卷』。此知《匡謬正俗》八卷當爲足本，作《刊謬正俗》者，如盧序所言是『宋時雕板避諱作刊謬正俗』。又據顏揚庭《上匡謬正俗表》云『藁草纏半，部帙未終』知顏師古此書未竟而逝。《匡謬正俗》是顏師古爲立言正俗，糾正時人誤讀經史文字而作，同時訂正訛字誤字，考察文字音讀，是中國考據類著作較早而且有一定水準的筆記作品，是今人研究唐代經學相當重要的材料。

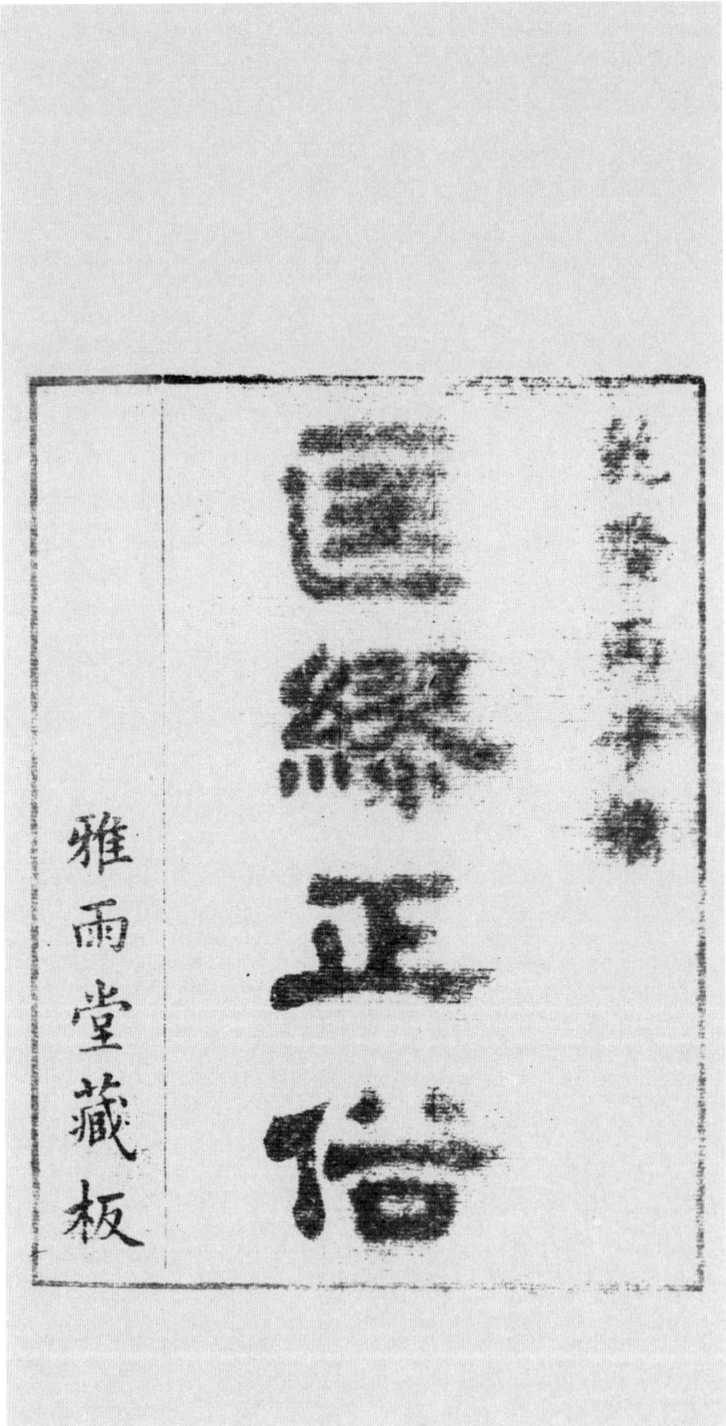
乾隆丙子鐫
匡謬正俗
雅雨堂藏板

匡謬正俗卷第一

故秘書監瑯琊縣開國子顏師古撰

論語　公冶長篇云子貢曰夫子之文章可得而聞也夫子之言性與天道不可得而聞已矣蓋言夫子刪詩書定禮樂讚易道脩春秋所有文章並可聞見至於言性命之事及言天道不可得而聞之故論語云子罕言利與命與仁又曰子不語怪力亂神季路問事鬼神子曰未能事人焉能事鬼曰敢問死子曰未知生焉知死並其義也而近代學者乃謂夫子之言語性情並與天道合所以不可得而聞離文析句違經背理綴文之士咸

唐摭言

《唐摭言》十五卷，五代王定保撰，清乾隆二十一年（1756）雅雨堂刻本。線裝三册。版框高18.5釐米，廣28.8釐米。是書未有藏印。

是書半葉十行，行二十一字。四周單邊。黑魚尾，單魚尾。烏絲欄。書口上刻『唐摭言』，板心中刻卷次與各卷葉碼。書前有乾隆丙子盧見曾序，底本未明，至今學界通校各本仍無法判定。

每卷卷首題『唐摭言卷第〇』，次行低八格題『唐光化進士瑯琊王定保撰』，再次行低三格始列各卷小目，而後頂格書寫内容，卷末又題『唐摭言卷第〇』。

《唐摭言》是晚唐入五代學者王定保的筆記，内容以記録唐代科舉軼事爲主題，盧見曾稱其『所述典故有選舉志所未備者』，具有重要史料價值。全書十五卷，前三卷記科舉掌故，後十二卷依門類記文人軼事。前三卷小目有：『統序科第、貢舉釐革并行鄉飲酒、會昌五年舉格節文、述進士上篇、述進士下篇、散序進士、兩監、西監、東監、鄉貢、兩都貢舉、試雜文、朝見、謁先師、進士歸禮部、廢等第、置等第、府元落、争解元、謝恩』等。後十二卷門類如『節操、與恩地舊交、師友、氣義、切磋、公薦、主司撓悶、陰注陽授、夢、聽響卜、自放狀頭、反初及第、反初不第』等。全書共一百〇五目十五卷，某些殘本作八十三目。據清代丁丙《善本書室藏書志》：『右五代王定保撰定，保爲周王溥之族，登第之年距朱温篡唐僅六載。是書蓋其八十五歲時所作，凡一百有三門，述唐代貢舉之制特詳，多史志所不及。卷末有嘉定辛未重午日柯山鄭昉書，云唐以進士爲重，摭言所載最爲詳備，刊之宜春郡齋，與好事者共之。商氏稗海所刻，刪削大半矣。卷眉有吴焯記云，摭言凡刻於説部中者，都非足本，此爲全鈔可寶也。』目前可知《唐摭言》最早刻本爲南宋寧宗嘉定鄭昉刻本，明萬曆時還有商濬《稗海》叢書刪削本。然而，據本書盧見曾序云，『此書行世絶少』，在雅雨堂未刊之前，《唐摭言》相當少見，多以鈔本傳世。清代較著名的《唐摭言》鈔本有朱彝尊本、王士禛本、宋筠本、黄丕烈藏毛晉本、厲鶚跋本、管庭芬本。清刻本較著名的有1756年乾隆二十一年盧見曾雅雨堂本，1805年嘉慶十年張海鵬學津討源本。清代直到《唐摭言》雅雨堂本出現後，是書完本纔流行，後來張氏學津本亦在雅雨堂本的基礎上修成。

進士所從來尚矣射義稱古者天子之制諸侯歲獻貢士於天子天子試之射宮鄭康成注歲獻國事之書及計偕物也三歲而貢士大國三人次國二人小國一人漢踵其選郡國有好文學敬長上出入不悖所聞二千石謹察可者常與計偕詣太常受業即有秀才異等輒以名聞唐之朝集使與貢士見於殿廷舉人朝見列于方物之前猶循歲獻計偕之例故進士一科雖始于隋之大業盛于唐貞觀永徽之際而王制大樂正論造士之秀者以告於王而升諸司馬曰進士其造端乎考唐選舉志科目有秀才明經俊士明法明字明算等多至

唐摭言卷第一

唐光化進士瑯琊王定保撰

統序科第

周禮鄉大夫具鄉飲酒之教考其德行察其道藝三年舉賢者貢于王庭非夫鄉舉里選之義源於中古乎夫子聖人始以四科齒門弟子後王因而範之漢革秦亂講求典禮亦解循塗方轍以須賢俊考德行則升孝廉而激浮俗掄道藝則第雋造而廣人文故郡國貢士無虛歲矣繇是天下上計集于大司徒府所以顯五教于萬民者也我唐沿隋法漢孜孜矻矻以事草澤琴瑟不

北夢瑣言

《北夢瑣言》二十卷，五代入宋學者孫光憲（900~968）撰，清乾隆二十一年（1756）雅雨堂刻本。線裝四册，版框高 18.5 釐米，廣 28.8 釐米。

是書半葉十行，行二十一字。四周單邊。黑魚尾，單魚尾。烏絲欄。書口上刻『北夢瑣言』，板心中刻卷次與各卷葉碼。書前有乾隆丙子盧見曾序、五代孫光憲自序。後有元至正二十四年（1364）孫道明（1296~1376）跋、清康熙十五年丙辰五月（1676）葉石君（1619~1685）識語。是書底本據盧序，可知出自葉石君鈔本。葉氏跋語既云：『假琴川書屋所吴方山抄本核過，吴本（吴岫）缺第二十卷，此本不知從何得也。』知葉本當有一種二十卷本，和吴方山本缺第二十卷者不同。未知傅增湘《藏園群書題記卷八子部雜家類校北夢瑣言跋》何云『乃知盧氏所得葉石君本據以入木，石君跋語固明明謂吴方山本元缺第二十卷也，盧氏刻時，於其缺者必取《稗海》本以補之，又緣《稗海》本元無題目，於是以意爲之標舉，俾成完帙，豈料其與原本固格格然枘鑿之不相入耶』。雅雨堂本所增入第二十卷者，當爲葉本所增入，葉石君得此本之前已被增入，并非盧刻所增入，故盧序乃謂：『兹得林屋葉石君萬收藏本，石君又得之吴方山岫，於是孫氏之書犁然完具。』是則，盧氏所得葉本是二十卷『完具』之足本，而葉本之得於吴本，是以吴本爲參校本，故葉石君自云手中另一板本的第二十卷不知從何得也，此本之二十卷本或稱葉本，即爲盧刻所據之底本。傅增湘跋被盧序所誤導，誤以爲葉本即吴本，此詳加對照盧序與葉識即可知曉。

每卷卷首題『北夢瑣言卷第〇』，次行低十二格題『富春孫光憲纂集』，再次行低三格始列各卷小目，而後頂格書寫内容，卷末又題『北夢瑣言卷第〇』。

《北夢瑣言》是五代入宋孫光憲所作，纂集唐武宗以後晚唐與五代十國史事，具有重要史料價值。孫氏自云：『僕生自岷峨，官於荆郢，咸京故事，每愧面墻。遊處之間，專於博訪。傾逢故鳳翔楊玭少尹，多話秦中平時舊説，常記於心。……厥後每聆一事，未敢孤信，三復參校，然始濡毫。』是書類目『先以唐朝達賢』，後叙『自唐至後唐、梁、蜀、江南諸國所得聞知者』。《四庫全書總目提要》評論此書：『每條多載某人所説，以示有徵，蓋用《杜陽雜編》之例。其記載頗猥雜，叙次亦頗冗遝，而遺文瑣語，往往可資考證。故宋李昉等編《太平廣記》，多采其文。』今查《崇文總目》四庫本著録『《北夢瑣言》三十卷』，《郡齋讀書志》有『《北夢瑣言》三十卷』，《直齋書録解題》有『《北夢瑣言》三十卷』，《通志》也録有『《北夢瑣言》三十卷』。賈二强先生指出，據《太平廣記》徵引《北夢瑣言》多溢出二十卷本外，可知《北夢瑣言》原書當爲三十卷本。馬端臨《文獻通考》已著録爲二十卷，《宋史・藝文志》作『十二卷』當爲『二十卷』之誤，《宋史・孫光憲傳》則録爲三十卷。故知本書孫光憲序云『纂成二十卷』者，當爲後人改三十卷作二十卷，二十卷本已非足本。

是書藏印在盧序首葉右下有『雪香齋圖書記』朱文方印。卷五末葉、卷六首葉、卷十末葉、卷十一首葉、卷十五末葉、卷十六首葉、卷二十末葉皆有此印，如此本書四册，每册首尾皆有此印。

孫道明，元代松江華亭人。字明叔，號清隱，自號停雲子，别號在家道人、清隱處士。博學好古，書樓名『映雪齋』。一遇得古籍秘本便動手抄録，以抄校藏書爲樂。

葉樹廉，江蘇吴縣人。晚明入清藏書家。一名樹蓮，又名萬。字石君，號潜夫，别署鶴汀、清遠堂主人、南陽轂道人。孫從添《藏書紀要》稱：『葉石君抄本，校對精嚴，可稱盡美。錢遵王抄録，書箱裝飾雖華，固不及汲古多而精，石君之校而備。』藏書印有『歸來草堂』『南陽轂道人』『金庭玉柱人家』『古道自持』『東洞庭山鎮惡先生葉萬字石君』『胥江』『審研堂』『立本之印』『樹廉居士』『鎮惡』『萬經』『虞山懷峰山房葉氏鑑藏』等。

北夢瑣言序

陵州孫氏光憲當有唐之季避地荆南爲高從誨從事作瑣言二十卷取左傳田於江南之夢荆江故在其北乃以北夢名篇其書皆唐氏賢哲言行暨五代十國之事蓋光憲嘗從楊元登玭遊元登多聞因資取其說而爲之唐自廣明以後文獻莫徵五代之際記載多闕得此書猶可考證宋太平興國中李昉等奉勅撰廣記五百卷采瑣言尤多前明商氏刻稗海亦有是書殊失本真茲得林屋葉石君萬收藏本石君又得之吳方山岫於是孫氏之書犂然完具余恐其日久散佚特爲刊布

北夢瑣言卷第一

富春孫光憲纂集

宣宗稱進士

唐宣宗皇帝好儒雅每直殿學士從容未嘗不論前代興亡頗留心貢舉嘗於殿柱上自題曰鄉貢進士李某或宰相出鎮賦詩以贈之詞皆清麗凡對宰臣言政事即終日忘倦洎僖宗皇帝好蹴毬鬬雞爲樂自以能於步打謂俳優石野猪曰朕若作步打進士亦合得一狀元野猪對曰或遇堯舜禹湯作禮部侍郎陛下不免且落第帝笑而已原其所好優劣即聖政可知也

文昌雜録

《文昌雜録》六卷，《補遺》六條，宋龐元英撰。綫裝一册。版框高 18.5 釐米，廣 28.8 釐米。

龐元英，字懋賢，單州人（屬山東）。丞相籍之子。官朝散大夫。自序稱：『余自壬戌（1082 年，原書戌作戍，誤）五月入省至乙丑八月罷，每有所聞見，私用編録。歲月寖久，不覺滋多，官在儀曹，粗記故事。今雜爲六卷，名曰《文昌雜録》，或有謬誤，覽者爲校正焉。』知此書之作，始於 1082 年。該書成于作者在尚書省供職期間，故以文昌名其書。所記以一時聞見、朝章典故爲多。朝廷典禮，百官除拜，其時日之先後異同，多有可以證《宋史》之舛漏者。元馬端臨編撰《文獻通考》時，曾取材于此。《宋史·藝文志》入『故事類』，而《四庫全書總目提要》以其中間頗涉雜事雜論，改隸『雜家類』。此書一直以抄本流傳，清中期始有刻本。

此書前有盧見曾序，稱『此書刻本無多，爲梓以行世』，又有『乾隆丙子德州盧見曾撰』，知此書爲乾隆年間（1756）盧見曾所刻。《四庫全書總目提要》稱：『原本六卷，後有補遺六條，故《宋史·藝文志》作七卷，又自爲跋，記其入省及作書歲月。首有宋衛傳序。』而此本補遺位於書前盧見曾序後，仍作六卷，亦無宋衛傳序。

是書書品寬大，刻印精美。每半葉十行，行二十一字，四周單邊，單黑魚尾。魚尾上題『文昌雜録』，下題卷數。版心中部靠下位置標葉碼，最下端題『雅雨堂』。

每卷卷首題『文昌雜録卷第某』，次行上空十格，題『南安龐元英懋賢』。正文龐氏雜録每段頂格，而所下按語（并非每段前皆有『案、按』字樣）則每行皆上空四格。

本書無收藏印、批校、牌記等内容。

文昌雜録序

吾鄉漁洋先生最喜説部書遇一僻秘世所罕見者往往于友人許展轉借録讐校評泊儲之池北書庫當時風流好事輝暎朝野先生于康熙已巳服闋入都至辛巳四月請急歸里官京師十年之間曾撰居易録一書凡官方遷擢政事因革逐日記載歎其見聞周悉可爲史家取柬但未知其書體例創自何人及觀宋單父龐氏文昌雜録始知先生倣懋賢之書而爲之蓋池北書庫有此書也前輩撰一書必有所本其不苟作如此懋賢爲丞相莊敏公籍之子元豐壬戌官主客郎中在省

文昌雜録卷第一

南安　龎元英　懋賢

元豐壬戌五月朔上御文德殿視朝仗衛如式既退三省已下職事官各鼇新務蓋一時之榮遇也

初三日詔曰先王以道在天下列而爲事陳而爲法人各有分然後安官各有守然後治三代以降累世相仍寖迷本原遂亂名實餘獘斯積其流及今朕閔古弗還因時改造是正百職建復六聯先後重輕粗獲條次大小貴賤迭相維持差擇羣材分委成憲佇觀來效共致丕平敢有弗欽將底厥罪新除省臺寺監官詳定官制

賓退録

《賓退録》十卷，南宋趙與時（1172~1228）撰，宣統年間對雨樓叢書本。綫裝4册，版框高17.6釐米，廣26.4釐米。

是書半葉十行，行十八字，小字雙行同。四周雙邊。黑魚尾，雙魚尾。烏絲欄。書口上刻『賓退録卷第○』，板心中刻全書葉碼。書前有南宋『景宋臨安睦親坊陳氏本賓退録十卷』牌記，宣統時『江陰繆氏對雨樓叢書黄岡陶子麟刻』牌記。有蔣繼軾康熙戊戌（1718）題記，南宋寶祐五年（1257）陳宗禮（1203~1270）序。書末有趙與時題跋，可知此本爲宣統年間繆荃孫（1844~1919）對雨樓叢書刻本，底本採南宋臨安陳氏刻本影刻。又據陳序末行小字『右陳宗禮序一通，假李方赤鈔藏本補，喜海』知此南宋本屬於劉喜海（1793~1852）校藏本。

每卷卷首題『賓退録卷第○』，次行低七格題『大梁趙與時』，而後頂格書寫内容，卷末又題『賓退録卷第○』。玄、弘、曆、璉、貯、寧、淳、儀、敬字避諱缺末筆。丘字避諱缺筆。章、璋字缺末筆。第一卷末行有『陶子麟刊』四字。第十卷末有『臨安府睦親坊南陳宅經籍鋪印』十三字。據此，可知此書避宣統儀字諱，當刻板於宣統年間。避敬字諱，當爲宋刻遺留痕迹。第一册封皮有清末高世異題『新刊景宋本賓退録第一册』『蒼茫齋藏記』。第二册封皮高氏題『賓退録第二册』『蒼茫齋題』。第三册封皮高氏題『賓退録第三册』『蒼茫齋藏記』。第四册封皮高氏題『賓退録第四册』『蒼茫齋藏記』。第一、二册扉葉刻有劉喜海題『宋趙與時賓退録』，下屬『燕庭題』。第三、四册扉葉同樣刻有劉喜海題『宋趙與時賓退録』，下屬則改成『東武劉氏藏』。可證此宋本是劉喜海舊藏。

是書藏印影刻上板的有陳序末的吴銓家族『璜川吴氏收藏圖書』方印，全書末葉有劉喜海『文正曾孫』『燕庭藏書』兩枚方印。加上書前蔣繼軾康熙戊戌（1718）題記，知此本底本最少經過璜川吴氏、蔣繼軾、劉喜海所收藏。是書朱印第一卷首葉有『蒼茫齋藏善本』朱文長方印，『華陽國士藏書』白文方印，『江邨後人』朱文方印，『庚申小宋八十』白文方印。第二、三、四册首葉有『華陽國士藏書』白文方印，『江邨後人』朱文方印，『庚申小宋八十』白文方印。全書末葉有『華陽高氏藏書子孫寶之』朱文方印，知此影宋本爲清末高世異藏書。

《賓退録》是南宋趙與時的筆記，自云乃「余里居待次，賓客日相過。平生聞見所及，喜爲客誦之。意之所至，賓退或筆於牘」。内容廣泛涉及兩宋史料、典章制度、經史考訂、詩文評論、文人軼事。據趙跋可知，該書成於宋寧宗嘉定十七年（1224）。明代《百川書志》《國史經籍志》《澹生堂藏書目》、《萬卷堂書目》皆著録『《賓退録》十卷』。清刻本較早的有乾隆十七年存述堂仿宋本，後有《學海類編》本，板式與本書所承南宋臨安陳本不同。陳本影刻者，除本書對雨樓叢書本，還有《古書叢刊》本，擇是居叢書本，都是晚清民初所刊。

趙與時，字行之，宋太祖七世孫，理宗寶慶二年進士，官麗水丞。

吴銓，清長洲人，隨父遷居上海，老而復遷居蘇州。字容齋，號璜川。雍正中爲吉安知府，歸田後，居潢川，築遂初園，以校書、藏書爲事，數至萬卷，多宋元善本。吴銓有子二。長子吴用儀，號拙庵。其與江浙諸名士交往甚厚，流連觴詠，座無俗客。用儀亦嗜典籍，藏書在其父基礎上『復購書數萬卷於其中，多宋元善本』，是璜川吴氏藏書第二代中的代表人物。吴銓次子吴成佐，號懶庵，同樣亦有藏書名。其孫吴志忠云：『我祖懶庵先生重自搜羅，書樓三楹，環列四周。』其中亦不乏宋元佳槧。成佐藏書處曰樂意軒，藏書印有『樂意軒吴氏藏書』等，并有《樂意軒書目》四卷。璜川吴氏第三代中傳承家藏典籍者，有吴用儀子吴泰來、吴無潤。吴泰來，字企晉，號竹嶼，與惠棟等被舉爲『吴中七子』之一，著有《吴中七子詩合刊》行世，另有《硯山堂集》十卷、《淨名軒集》等著述。關於吴泰來藏書事迹，《清史列傳》卷七十二『本傳』云：『（泰來）家有遂初園，藏書數萬卷，寢饋凡十餘年。』由於吴泰來所藏多宋元佳槧，加之本人的文學成就，成爲清代吴中重要的藏書家。璜川吴氏藏書第四代，有吴成佐孫吴志忠。吴志忠，字有堂，號妙道人。志忠好藏書，長於目録校讎之學，與同郡黄丕烈、顧廣圻等著名藏書家、目録學家往來甚厚。家藏珍籍有《吕衡州文集》《中吴紀聞》《嵇康集》等，後多經名家遞藏。藏書之外，吴志忠喜刻古人鈔本未刻之書，所刻以經義爲多，故總其名曰《經學叢書》，并撰《璜川吴氏經學叢書緣起》，爲後人留下了十分完備的璜川吴氏藏書史料。

蔣繼軾，清藏書家、刻書家。字蜀瞻，號西圃，别號拜集老人，江蘇江都人。康熙五十二年（1713）進士，以庶起士授翰林院編修。曾參加《明史》纂修。喜聚書，聞人有秘本，必親往求之，手自抄録，凡得唐宋元人集 300 餘部，多係世間不傳者。家有『韻緑山房』『賜書樓』，插架皆書。

李璋煜（1784~1857），字方赤、禮南，號月汀，山東諸城人。嘉慶二十五年（1820）庚辰科進士，授刑部主事。歷任江蘇常州府知府、江寧府知府、浙江按察使、廣東按察使、廣東布政使。

劉喜海（1793~1852），字燕庭、燕亭、硯庭、吉甫，山東諸城人。藏書樓有『嘉蔭簃』『味經書屋』『清愛堂』等。藏書印有『東武劉氏味經書屋藏書印』『劉印喜海』『東武劉燕庭審定』『文正曾孫文清從孫文恭塚子』『曾經燕庭堪讀』『吉父』『燕庭藏書』『東武劉氏御賜清愛堂』『嘉蔭簃』『嘉蔭簃藏書印』『東武劉喜海燕庭氏審定金石文字之記』等 30 餘枚。

高世異，字尚同，一字德啓，號念陶。華陽（四川成都）人，清末民初藏書家。曾官至阜城知縣。家藏圖書甚富，收藏以明刻本爲多。藏書印有『華陽高氏藏書』『八經閣』『蒼茫齋高氏藏書記』『蒼茫齋精鑒章』『世經堂印』『念陶五十以後所得金石書畫收藏之章』『德啓藏書』『枕經閣印』等。

陶子麟（1857~1928），清末民初四大著名刻工之一。身兼出版家與刻工雙重身份，設書肆于武昌，以其姓名爲店號，出版圖書并經營發行。他也爲當時許多藏書家刊刻圖書，以善刻仿宋及軟體字聞名於世，有『陶家宋槧傳天下』之美譽。

景宋臨安睦
親坊陳氏本
賓退錄十卷

賓退錄卷第一

大梁　趙　與旹

王建以宮詞著名然好事者多以它人之詩雜之今世所傳百篇不皆建作也余觀詩不多所知者如新鷹初放兎初肥白日君王在內稀薄暮千門臨欲鎖紅粧飛騎向前歸黃金捍撥紫檀槽絃索初張調更高盡理昨来新上曲内宫簾外送櫻桃張籍宮詞二首也淚盡羅衣夢不成夜深前殿按歌聲紅顏未老恩先斷斜倚熏籠坐到明白樂天後宮詞也

容齋五筆

《容齋五筆》：《容齋隨筆》十六卷、《續筆》十六卷、《三筆》十六卷、《四筆》十六卷、《五筆》十卷，共二十册。宋洪邁撰。綫裝二十册。版框高 19.5 釐米，廣 27.6 釐米。

洪邁字景盧，鄱陽人，皓之子。紹興十五年進士。年八十以端明殿學士致仕，是歲卒，贈光禄大夫，謚文敏。明李瀚序：『文敏公洪景盧博洽通儒，爲宋學士，出鎮浙東，歸自越府，謝絶外事，聚天下之書而遍閲之，搜悉異文，考核經史，捃拾典故。值言之最者必劄之，遇事之奇者必摘之。雖詩詞、文翰、曆讖、卜醫鈎纂不遺，從而評之，參訂品藻，論議雌黄。或加以辯證，或系以贊繇。天下事爲寓以正理。』《四庫全書總目提要》：『其書先成《隨筆》十六卷，刻於鶩州。淳熙間傳入禁中，孝宗稱其有議論。邁因重編爲《續筆》《三筆》《四筆》《五筆》。《續筆》有隆興三年（案：當爲紹熙三年）自序，《三筆》有慶元二年自序，《四筆》有慶元三年自序。亦各十六卷，而《五筆》止十卷，蓋未成而邁遂没矣。』宋何異序載洪邁從孫洪伋言『五則絶筆之書，僅有十卷』。其版本類型較多，主要有宋淳熙十四年本、宋嘉定贛州刊本、明弘治八年華燧會通館銅活字印本、明弘治十一年李瀚刊本、明崇禎三年馬元調刊本等。傅增湘又曾藏有明刊大字本，前有嘉定壬申何異舊序，無刊書序跋。《隨筆》《續筆》改作《一筆》《二筆》與諸本異。傅增湘稱『刊工是嘉靖風氣』。

是書爲明崇禎三年馬元調刊本。前載嘉定壬申何異舊序，李瀚弘治十一年序，馬元調崇禎三年序及謝三賓序。馬元調序云：『元調寔董較勘，始謀翻刻以寓羈縻，而所蓄本未免舛訛。適丘子成先生家鬻舊書，得向不全本，考其序乃弘治中沁水侍御李公瀚所刻，又從友人沈子誨借得殘落數卷匯之，良合。然舛訛較所蓄本尤多參伍，是正爲改定千餘字，乃闕其疑。』知此書爲馬元調將其舊藏參校李瀚刻本、沈誨所藏殘本而成。謝三賓序云：『是書向無佳刻，得者復不能全，馬巽甫博學好古，匯而梓之，兼精心慧識，長於校讎，魯魚亥豕，考核再四。人亦有言：訛如落葉，掃而愈有。巽甫茲刻，吾知免夫。其有功載籍，豈淺顯耶。』後刻謝三賓兩方印：其一爲『象三氏』陽文方印；其二爲『乙丑會耦』陰文方印。

是書每半葉九行，行十八字，白口，左右雙闌，版心中部鐫刻書名卷數及葉碼。每卷卷首題『容齋隨筆（續筆/三筆/四筆/五筆）卷第某』，下緊連小字注明此卷共多少則，次行爲小題，上空兩格。正文頂格。卷末于版面最後一行頂格題『容齋隨筆（續筆/三筆/四筆/五筆）卷第〇』。《容齋隨筆》卷一次行有洪邁自序，每行均上空一格，共三行：『予老去習懶，讀書不多，意之所之，隨即記録。因其後先，無複詮次。故目之曰《隨筆》。淳熙庚子鄱陽洪邁景盧。』

此書無藏書印、批校、牌記、刻工姓名等内容。

重刻容齋隨筆五集序

宋南渡後名臣屈指洪氏忠宣著氷天之節與蘇屬國爭光其子文惠文安文敏先後立朝名滿天下文敏尤以博洽受知孝宗史稱其考閱典故漁獵經史

容齋隨筆卷第一　二十九則

予老去習懶讀書不多意之所之隨即紀録因其後先無復詮次故目之曰隨筆淳熙庚子鄱陽洪邁景盧

歐率更帖

臨川石刻雜法帖一卷載歐陽率更一帖云年二十餘至鄱陽地沃土平飲食豐賤衆士往往湊聚每日賞華恣口所須其二張才華議論一時儁傑殷薛二侯故不可言戴君國士出言便

呂氏家塾讀詩記

《呂氏家塾讀詩記》三十二卷，呂祖謙撰。線裝六册。版框高 14.7 釐米，廣 24.3 釐米。

是書爲明嘉靖十年（1531）應臺傅鳳翱刻本。前有陸釴《刻呂氏讀詩記序》云其自友人豐存叔處得宋本而愛之，『迺柱史應臺傅公刻于南昌郡』。豐存叔即豐坊，陸氏所謂得自豐坊之宋本，乃係豐坊根據舊刻拼湊僞造之本，而此書前十八卷與後文各成系統，適可爲證。又因此序，後代藏書家或以『影宋本』『覆宋本』目此本，實非。

據陸氏此序則刻書之人乃傅鳳翱。《四庫全書總目提要》謂此本爲陸釴重刊，恐非。陸序又云：『呂氏凡二十二卷，乃公劉以後編纂未就，其門人續成之，茲又斯文之憾。』考《直齋書録解題》及《宋史・藝文志》，著録此書皆爲三十二卷，則宋時此本已爲三十二卷本，陳振孫亦云此書《公劉》以下編纂已備，而條例未竟。

又今所藏本，卷十三至卷十六原闕，據十六卷卷末識語可知乃崇禎癸未味水軒據汲古閣所藏宋本手鈔配補。今國圖收有毛晉所藏之宋本一種，乃是兩種宋本配補而來，未知是否此本所據。

又此書卷二十七『王之職有闕能』至于『氏於嵩高』中闕四葉。

是書半葉十四行，行十九字，注文小字單行同。左右雙邊，細黑口。版心記卷數，下方記當卷葉碼。

是書卷首首行書『呂氏家塾讀詩記卷第某』，每卷卷末再題『呂氏家塾讀詩記卷第某』。依毛詩之次序，經文頂格書寫。卷十八以前，呂祖謙引諸家解低經文一格，呂氏已見比諸家解低一格。卷十九以下，則以『東萊曰』直承諸家解下，不復另行低格書寫。其引諸家説，黑質白章表出者乃是正解（鈔補部分乃用黑圈圍諸家姓氏），以小字書寫者，乃附爲别解。每詩結束，低三格書寫本詩詩題、章數、句數。

是書書序有趙鈁『曾在趙元方家』，『曾經温右元處』之印。第一卷卷首有何焯『何焯之印』『峐瞻』兩印。除十三至十七卷外，各卷卷首有鈐印『松江讀有用書齋金山守山閣兩後人韓德均錢潤文夫婦之印』，十三卷卷首有鈐印『趙鈁珍藏』及『一廛十駕』兩枚，據此則或是趙鈁取鈔本配補整齊。又有趙之謙『小人有母』印，韓價藩之『韓繩夫印』『價藩』。

此明嘉靖刻本目前藏書單位多有收藏。根據鈐印可知，此本曾藏於何焯之家，後迭藏於趙之謙及松江韓德均、韓繩夫父子處，後爲趙鈁所得。

北宋慶曆之後，新的學術風潮興起，疑經之觀念逐漸形成。自歐陽修以來，宋儒疑《序》駁《序》之風氣漸盛，至南宋鄭樵、王質爲極。而吕祖謙是書，則頗能根本古義，仍能堅守詩序及毛、鄭之説。吕氏之體例爲，解每首詩時先以《詩序》爲説，之後再引毛傳、鄭箋、孔疏或程頤、張載、楊時、歐陽修、王安石、蘇轍、范處義、朱熹等諸家之説。『諸家解定從一説』，即擇諸家之最當者爲準。在此過程中，又對諸家解説略有未安者加以改動，以見己意。陳振孫稱其『博采諸家，存其名氏。先列訓詁，後陳文義，翦截貫穿，如出一手。有所發明，則别出之。《詩》學之詳正，未有逾於此書者』。魏了翁作《後序》，則稱其能發明詩人躬自厚而薄責於人之旨。二人各舉一義，已略盡是書所長。其書中所引朱子之説，乃朱子前期之觀念，而朱子後來主廢序之説，兩相對照，亦可見南宋詩學之一斑。

何焯（1661~1722），初字潤千，後字峐瞻，晚字茶仙，號義門，江蘇蘇州人。太學生。康熙四十一年（1702）以李光地薦入直内廷，次年御賜舉人，後授編修，校書武英殿。康熙六十一年復原官，贈侍讀學士。何焯學問淵博，文章負盛名。没後，弟子蔣維鈞將其校正諸書之文編爲《義門讀書記》。

趙之謙（1829~1884），浙江紹興人。初字益甫，號冷君；後改字撝叔，號悲庵、梅庵、無悶等。精於篆刻。所居曰『二金蝶堂』『苦兼室』。藏書秘册甚多。家有藏書樓爲『二金蝶堂』『仰視千七百二十九鶴齋』。藏書印有『趙之謙』『二金蝶堂藏書』『爲五斗米折腰』『鶴廬』『二金蝶堂雙鈎兩漢刻石之記』『小人有母』等。據藏書刻《仰視千七百二十九鶴齋叢書》，著《國朝漢學師承續記》《補環宇碑訪録》《二金蜨堂印存》等書。

韓德均（1898~1930），字子谷，號荀廬，幼年受教于張錫恭，及長學藝於吴昌碩。是松江韓氏讀有用書齋第三代主人。爲保存祖傳藏書，曾兩次移家避禍，有『甲子丙寅韓德均錢潤文夫婦兩度攜書避難記』印。其藏印還有『德均審定』『德均所藏』『韓德均藏宋本』『韓德均所藏善本書籍』『韓子谷珍藏書畫印』『松江讀有用書齋金山守山閣兩後人韓德均錢潤文夫婦之印』『韓德均審定金石書畫』『韓德均審定珍藏真迹秘玩之印』『望雲樓後人韓子谷珍藏書畫記』。

韓繩夫（1916~？），一名熙，字價藩，亦作介藩，號致軒。韓德均長子。韓繩夫藏印有『韓印繩夫』『價藩』『韓繩夫一名熙字價藩讀書印』『曾爲雲間韓熙鑒藏』『雲間韓氏考藏』『韓熙寶藏』『價藩寶此過於明珠駿馬』『價藩又名熙』『價藩翰墨』『昌黎伯裔』『雲松巢館』『與江南徐河陽郭錢塘戴同名』『價藩鑒賞』『名餘曰繩夫兮字餘曰價藩』『價藩所得銘心神品』『價藩韓熙珍秘』『價藩青箱長物』『雲松巢館心賞』『韓子』『韓熙私印』。

刻呂氏讀詩記序

余嘗讀呂氏讀書記大事記未睹讀詩
記也沂亭　本於友人豐存叔讀而愛
之其言　氏以立訓考註疏以纂言
剪綴諸家　出一手有司馬子長貫穿
之巧研精殫歲融會渙釋有杜元凱真
積之悟緣物醜類辯名正義有鄭漁仲
考據之精兹余之所甚愛焉乃洒杜也之慇
臺傳公刻于南昌郡刻成或問余曰今
詩學宗朱氏集傳矣刻呂氏何居余應

詩序　一

呂氏家塾讀詩記卷第一

綱領

論語詩三百一言以蔽之曰思無邪程氏曰思無邪誠也○謝氏曰君子之於詩非徒誦其言又將以考其情性非徒以考其情性又將以考先王之澤蓋法度禮樂雖亡於此猶能併與其淺微之意而傳之故其爲言率皆樂而不淫憂而不困怨而不怒哀而不愁如綠衣傷已之詩也其言不過曰我思古人俾無訧兮擊鼓怨上之詩也其言不過曰土國城漕我獨南行至軍旅數起大夫久役止曰自詒伊阻行役無期度思其危難以風焉不過曰苟無飢渴而已若夫言天下之事美盛德之形容固不待言而可知也其與憂愁思慮之作孰能優游不迫也孔子所

丙丁龜鑑

《丙丁龜鑑》五卷，鈔本，宋柴望編；又《丙丁龜鑑續録》一卷，鈔本，元亡名氏編；又《續丙丁龜鑑録》一卷，鈔本，明亡名氏編；又《復續丙丁龜鑑》一卷，鈔本，春華子編。線裝一册。版框高16.5釐米，廣26.4釐米。

柴望（1212~1280），字仲山，號秋堂，又號歸田，衢州江山（今屬浙江）人。少穎異，博通經史，諸子百家無不研究。理宗嘉熙（1237~1240）間，爲太學上舍，除中書省奏名。望宿明象數，淳祐六年丙午（1246），以元旦日食，詔求中外直言，受詔撰《丙丁龜鑑》。書成上進，忤賈似道意，詔下府獄，以臨安尹趙與□疏救，得放歸田里。宋亡不仕，與從弟隨亨、元亨、元彪遁迹江湖，時稱『柴氏四隱』。著述有《丙丁龜鑑》《秋堂集》。生平事迹詳見元蘇幼安所撰《宋國史秋堂柴公墓誌銘》、柴望《謝大尹節齋趙公啓》等。《續丙丁龜鑑》署明亡名氏，考《清代禁毁書目四種·外省移咨應毁各種書目》有明吴甡輯《續丙丁龜鑑》，又《清代禁毁書目四種·續奉應禁書目》有明貴池吴非著《續丙丁龜鑑》。《復續丙丁龜鑑》署名春華子，時代姓字爵里不詳。按，據《復續丙丁龜鑑》内容起自明宣德元年丙午（1426），迄於萬曆三十五年丁未（1607），下一個丙午、丁未爲南明永曆二十年（1666）、二十一年，即清康熙五年、六年，春華子或爲明末清初之人。

《丙丁龜鑑》之所由作，據《宋國史秋堂柴公墓誌銘》所言，乃淳祐六年丙午元旦日食，受詔所作。又據柴望是書序言，以爲『人主任社稷之重，繫兆姓之休戚，其於歷代之盛衰尤當究心』，又『當丙午、丁未之厄歲，而又日食元旦，昭示譴告』，於是受詔『遍搜諸史』，於『自秦漢而下，至於五代爲丙午、丁未者凡二十有一，上下通一千二百六十載災異變故……摭其實目，曰《丙丁龜鑒》，釐爲十卷』。按，日食必於朔日，考《宋史》卷四二〇《李曾伯傳》云『淳祐六年正月朔，日食』，故柴望受詔撰書，蓋在此淳祐六年正月朔日之後。又序和《進丙丁龜鑒表》末所署時間皆爲『淳祐六年正月望日』，可知《丙丁龜鑒》於正月望日即已撰竣并進呈。按，《宋國史秋堂柴公墓誌銘》言望『素明象數，每夜占星斗，時復慘怛，悲歌慷慨，左右莫知其所爲』。柴望善於術數，於史書災異，蓋素有所積，故可成書如此迅速。又此書序言十卷，而此本五卷，《四庫全書總目提要》卷一一一《子部·術數類存目》以爲『蓋明人所合併也』。此書明祁承爜《澹生堂藏書目》、朱睦㮮《萬卷堂書目》卷二《雜史》、清范邦甸《天一閣書目》卷二《史部》、黄虞稷《千頃堂書目》卷四《史部·編年類》等皆有著録。《丙丁龜鑒續録》，據卷前《丙丁龜鑒續録序》所言，乃以柴望之書於『宋三百年五值丙丁，則諱而不書』，於是『輯而録之，以補其闕焉』。序末所署時間爲『至正二十三年乙巳重九日』。按，至正爲元惠宗第三個年號，然至正二十三年（1363）并非乙巳，至正二十三年爲癸卯，乙巳爲至正二十五年，或『五』與『三』形近而訛，實爲『至正二十五年乙巳』。蓋《續録》成於至正二十五年。又《續丙丁龜鑒録》，爲明人所作，然具體成書時間不詳。又《復續丙丁龜鑒》無序跋，成書時間亦不詳，據上所言，或可定爲明末清初。

此版四書合編爲一册，皆爲鈔本，用藍格紙楷書抄寫。又每葉版心下書口處有『面城樓藏本』五字。按，面城樓爲清道光（1821~1850）間廣東南海（今屬佛山）人曾釗藏書樓。由是言之，此書當爲晚清廣東南海曾釗鈔本。

此四書版式行款相同，皆每半葉十三行，行十三字，小字雙行同。四周單邊，白口，單魚尾，版心下書口處有『面城樓藏本』五字。

柴望《丙丁龜鑒》五卷，其内容據《宋國史秋堂柴公墓誌銘》言：『起周威烈王五十二年丙午，止後漢高祖天福十二年丁未，上下通一千二百六十年，爲丙午、丁未二十有一，數其吉凶禍福於前，指其治亂得失於後。』又元、明亡名氏所續之二卷，《四庫全書總目提要》云：『一爲元人所撰，記宋真宗景德三年至理宗淳祐七年值丙午、丁未者五。一爲明人所續，記元世祖大德十年至順帝至正二十七年值丙午、丁未者二。亦各舉時事實之，如望書之例。均不著姓名。』至春華子《復續丙丁龜鑒》一卷，則記明仁宗宣德元年至神宗萬曆三十五年值丙午、丁未者六。按，關於丙丁厄歲之説，《四庫全書總目提要》云：『陽九百六元二之説，自漢以來即有之，丙丁之説則倡於望。元人《續録序》引陰陽家之言曰：「丙丁屬火，遇午未而盛，故陰極必戰，亢而有悔也。」又曰：「丙禄在巳，午爲刃煞；丁禄居午，未爲刃煞。」其術純用術數家言，不出經典。』對於《丙丁龜鑒》及續録之作，《四庫全書總目提要》評論曰：『夫王者敬天勤民，無時可懈，豈待六十年一逢厄會，始議修省。且史傳所書，亂多治少，亦不必盡係於丙丁。望徒見靖康之變，適在是二年中，故附會其文，冀以悚聽。實則所列事迹，多涉牽就，宜其言之不行也。且論涉機祥，易熒民聽。《輟耕録》所載龍蛇跨馬之妖言，豈非至正二十七年適當丙午，遂借是説以惑衆歟。後世重其節義，又立言出於忠愛之誠，故論雖不經，至今傳録，實則不可以爲訓也。』所論較允。

是書序首葉右側上部有『順德温氏家匩』朱文正方印，右側中部有『涑緑樓』朱文正方印，右側下部有『温澍樑藏書印』朱文長方印。此三印爲清末廣東順德温澍梁之印。又《進丙丁龜鑒表》首葉右上有『曾居無悔齋中』朱文長方印。此爲趙元方之印。

曾釗（1793~1854），字敏修，號冕士。廣東南海人。道光五年（1825）拔貢生，官合浦縣教諭，調欽州學正。釗篤學好古，讀一書必校勘譌字脱文。遇秘本或雇人影寫，或懷餅就鈔，積七八年，得數萬卷，有藏書樓『面城樓』。阮元督粤，開學海堂，以古學造士，命釗爲學長。其著述宏富，長於經學小學，有《周易虞氏義箋》《周禮注疏小箋》《詩説》《詩毛鄭異同辨》《毛詩經文定本小序》《虞書命羲和章解》《論語述解》《讀書雜誌》《面城樓集》等。生平事迹見《清史稿》卷四八二《儒林三》、徐信符《廣東藏書紀事詩》。温澍梁，或作温澍樑、温樹梁，字號及生平事迹不詳。按，順德龍山温氏於清至民國間爲地方望族，曾釗「面城樓」藏書散出後，多爲温澍梁所得。徐信符《廣東藏書紀事詩》「曾釗面城樓」條下云：「（曾釗）當免官時，書多歸龍山温氏。所藏雜史地方志爲最佳。温澍樑爲汝適、汝能之族，漱緑樓藏書，多爲曾勉士遺物。」

丙丁亀鑑原序

臣聞以銅為鑑可知妍醜以人為鑑可知得失以古為鑑可知治亂人主任社稷之重寄繫兆姓之休戚其於歷代之盛衰尤當究心者故人主不可不觀史觀史則儆省之功深矣昔唐仇士良教其黨以固權寵之術曰天子不可令閑常宜以奢靡娛其耳目無暇他事則吾輩可以得志勿使讀書親近儒生彼見前代興亡心知憂懼則吾輩斥矣士良為計不欲人主讀書正欲愚人主之耳目蔽人主之聰明也巧矣哉臣豐豐忠赤無以自見每有嫠不恤緯憂在宗周之心況當丙午丁未之厄歲而又日蝕元旦昭示譴告殆如杞國憂天不遑寧處臣不佞遂徧搜諸史竊惟是歲為厄從古而然帝王之世史籍畧而不書今

面城樓藏本

進丙丁龜鑑表

臣望伏以正次王王次春頒萬民之治義史載事事
載道有前代之元龜匪明氣數之典亡曷示始終之
勸戒言非所當罪不容誅臣實懼寔惶頓首伏念臣
賦性至愚讀書甚少自憐孤苦獲際休明念先世之
孝廉本故家之崇義婺不恤緯憂在宗周吾欲使君
上為堯舜況災見夏行之朔而運當晉厄之年是殆
水陰幾勝火德信知有數決匪偶然苟曰無之胡為
至此痛思夫今日莫返頹波尚論乎古人具垂成鑑
秦漢之君以下千有餘年方冊之政可尋十常九失
棲燈勘義滴露研硃姑援寔以斷時宜敢飾說以欺
天聽矧君子雖進而小人之根未痛絶天理雖明而
人欲之蠹未盡消中國或侵於外夷大綱未辯於小

面城樓藏本

玉堂叢語

《玉堂叢語》八卷，明焦竑撰。線裝四册。版框高19.9釐米，廣28.7釐米。

焦竑（1541~1620），字弱侯，江寧（今屬江蘇）人。萬曆十七年（1589）進士，始以殿試第一人官翰林修撰。二十五年主順天鄉試，以舉子曹蕃等九人文多險誕語被劾，謫福寧州同知。歲餘大計，復鐫秩，竑遂不出。竑少負盛名，嘗從耿定向學，復質疑於羅汝芳。講學以汝芳爲宗，而善定向兄弟及李贄。博極群書，自經史至稗官、雜説，無不淹貫。善爲古文，典正馴雅，卓然名家。著述極富，有《易筌》《禹貢解》《考工記解》《俗書刊誤》《養正圖解》《詞林歷官表》《京學志》《國朝獻徵録》《遜國忠節録》《國史經籍志》《焦氏筆乘》《玉堂叢語》《明世説》《澹然集》等。傳見《明史》卷二八八《文苑四》。

此書卷首有焦竑《書玉堂叢語》，云：『余自束髮，好覽觀國朝名公卿事迹。迨濫竽詞林，尤欲綜核其行事，以待異日之參考，……凡人品之淑慝，注厝之得失，朝廷之論建，隱居之講求，輒以片紙志之，儲之巾箱。頃年垂八十，聰明不及於前時，道德日負其初心，不啻韓子所言者，業一切置之不理矣。相知者惜其嘗爲心思所及而廣之，余不能止也。讀者倘與近日《翰林記》《館閣類録》《殿閣詞林記》《應制集》諸書而并存之，亦余之幸也夫。』末署時間爲『萬曆戊午夏五月』。據焦竑自言可知，此書乃所謂相知者將其自官翰林以來所記明代名公卿之事迹，彙編而成。故《鄭堂讀書記》以爲此書『爲其門人輩所編輯，非盡出於一手也』。又序中言『年垂八十』，而萬曆戊午爲萬曆四十六年，蓋是書編成於是年。兩年後，即萬曆四十八年焦竑去世，此書或爲其最後一部著作。此書成後，於萬曆四十六年由徐象橒曼山館刊刻，其後在此版基礎上屢有重校重印。按，此版亦爲萬曆四十六年徐象橒曼山館刻本，正文每葉版心下口刻有『曼山館』三字，卷一首葉次行題『太史瑯玡焦竑輯』『晉熙方拱乾校』，卷二首葉次行題『太史瑯玡焦竑輯』『關西劉必達校、錢塘徐象橒梓』，卷三首葉次行題『太史瑯玡焦竑輯』『錢塘徐象橒校刊』，卷四、卷六首葉次行題『太史瑯玡焦竑輯』『晉熙方應乾校、錢塘徐象橒梓』，卷五、卷八首葉次行題『太史瑯玡焦竑輯』『晉熙方應乾校、錢塘徐象橒刊』，卷七首葉次行題『太史瑯玡焦竑輯』『錢塘徐象橒校刊』。又萬曆四十六年徐象橒曼山館刻本前有顧起元、郭一鄂序，而此本無，蓋有脱葉。

此書前有焦竑《書玉堂叢語》，爲手迹上版，每半葉六行，行十字，四周單邊，白口，無魚尾，版心上書口處刻『序乙』。正文部分每半葉八行，行十八字。四周單邊，白口，單魚尾。版心上書口處鐫刻『玉堂叢語』，版心中部刻卷次及類名，下部刻葉碼，下書口處鐫刻『曼山館』三字。

焦竑此書如郭一鄂序云：『是書最晚出，體裁仍之《世説》，區分準之《類林》。而中所取裁抽揚，宛然成館閣諸君子一小史然。』又《四庫全書總目提要》亦云：『是編仿《世説》之體，採摭明初以來翰林諸臣遺言往行，分條臚載。』全書分四十五類，計有行誼、文學、言語、政事、銓選、籌策、召對、講讀、寵遇、禮樂、薦舉、獻替、侃直、纂修、調護、忠節、識鑒、方正、廉介、義概、器量、長厚、退讓、慎密、敏語、出處、師友、品藻、事例、科試、科目、容止、賞譽、企羡、恬適、規諷、豪爽、任達、夙惠、遊覽、術解、巧藝、傷逝、志異、簡傲、諧謔、儉嗇、汰侈、險譎、忿狷、刺毁、紕漏、惑溺、仇隙。對於此書體例與價值，謝國楨《明清筆記談叢》以爲：『體例簡净，實較何良俊《何氏語林》、梁維樞《玉劍尊聞》等書爲善。且征引賅博，皆注出處，多有未見之書，明代稗乘史資，賴以流傳。』

是書卷首焦竑《書玉堂叢語》，卷一、卷三、卷五、卷七首葉右下皆有『湯滏』『紹南』『烏程張氏適園藏書印』

朱文正方印。目録首葉右下有『曾在趙元方家』朱文長方印。卷一首葉右上有『北京市文物管理處藏書』朱文長方印。又卷一首葉右下方邊欄外有墨筆識語『咸豐丁巳四月頤生湯金鼎閲』。按，『湯淦』『紹南』皆湯淦之印，而湯金鼎或爲湯淦後人。『烏程張氏適園藏書印』爲湖州張鈞衡之印。是書蓋爲湯金鼎舊物，後歸張鈞衡，又歸趙鈁所有。

湯淦（1718~1812），字紹南，號湘畦。浙江蕭山（今屬杭州）人。乾隆三十九年甲午（1774）鄉試副榜，選授杭州府學訓導，俸滿引疾歸。淦少通敏，經傳諸子百家之言靡弗探討，兼及象緯風角之術，尤篤志於文。弟子如王宗炎輩，經其指授，多發名成業。著有《五代史閏季録》《明謚法考》《湘畦雜佩》《自怡集》《暖姝漫稿》等。傳見張宗海修《（民國）蕭山縣志稿》卷一八。湯金鼎，據卷一右下識語知其爲咸豐（1851~1861）間人，字號爵里及生平不詳，有《天籟初集》《二集》《三集》，見《（民國）蕭山縣志稿》卷三〇著録。張鈞衡（1873~1927），字石銘，又號適園主人。浙江湖州人。清光緒二十年（1894）舉人，授兵部車駕司郎中。世代經商，爲南潯鎮巨富，有藏書樓『適園』，藏書十餘萬卷。倫明《辛亥以來藏書紀事詩》云：『籍甚吴興蔣與劉，石銘參立學尤優。適園未抵嘉業富，擇是精過密韻樓。』蓋張鈞衡藏書雖不及劉承幹嘉業堂，但精於蔣汝藻密韻樓。張氏嘗延請繆荃孫編有《適園藏書志》。

書玉堂叢語

余自束髮好覽觀
國朝名公卿事蹟迨濫竽
詞林尤欲綜覈其行事以
待異日之參攷此為史職
非第如歐陽公所云誇於

玉堂叢語卷之一

太史瑯琊焦竑輯　晉熙方拱乾校

行誼

贊善大夫龍泉章公溢始生其音如鐘及成童嶷然莊重不習鄉井輕儇態至正壬辰蘄黄妖冦自閩犯龍泉公從子存仁避亂山中存仁爲賊所得公心計曰吾兒止有一子不可使無後挺身出語賊曰兒幼無知我願代之賊素聞公

蘇長公外紀

《蘇長公外紀》十二卷，明王世貞撰，璩之璞校補。綫裝八册。版框高17.7釐米，廣25.6釐米。

王世貞（1526~1590），字元美，號鳳州，又號弇州山人。江蘇太倉人。右都御史王忬子。嘉靖二十六年（1547）進士，授刑部主事。後歷官太僕卿、右副都御史、南京刑部尚書等。世貞好爲詩古文，官京師，入王宗沐、李先芳、吴維岳等詩社，又與李攀龍、宗臣、梁有譽、徐中行、吴國倫輩相倡和，紹述何景明、李夢陽輩，於前後七子中有『何李王李』之目。與李攀龍狎主文盟，攀龍殁，獨操柄二十年。其於詩文主張復古，以爲文必西漢，詩必盛唐，大曆以後書勿讀，而藻飾太甚。晚年，攻者漸起，世貞能深自反省，漸造平淡，於文學包融百家，會通衆説，成就巨大。王氏一生筆耕不輟，著述宏富，有《國朝紀要》《天言彙録》《弇山堂别集》《識小録》《少陽叢談》《明野史彙》《公卿表》《嘉靖以來首輔傳》《名卿紀蹟》《宛委餘編》《世説新語補》《蘇長公外紀》《鳳州筆記》《藝苑卮言》《畫苑》《類苑詳注》《弇州四部稿》《續稿》等。生平事迹詳見《明史》卷二八七《文苑三》。璩之璞，明萬曆（1573~1620）間南昌人，室名『燕石齋』。王世貞晚年頗好蘇軾，《明史》本傳言其晚年『病亟時，劉鳳往視，見其手蘇子瞻集，諷翫不置也』。其《蘇長公外紀序》以爲蘇軾文章不僅是韓、柳、歐、蘇四家之最便爽者，而且『三氏之奇盡於集，而蘇公之奇不盡於集』。具體而言，王世貞以爲蘇公之所不盡在於『韻而詞，則温韋讓壯；舌而諧謔，則侯白遜雅；筆而簡牘題署，則黄豫章遜雋；遊戲而爲法書，則顔平原、李北海之難弟；爲古木竹石，則文洋州之畏友；逃之佛，則裴相國、楊學士之禪那』，皆韓、柳、歐三君所無，進而以爲『天下而有能盡蘇公奇者，億且不得一也』，於是『取公年譜及傳誌略存之，而復蒐公之小言，與諸家之評騭，紀述瑣屑，亦一一附録，約爲十卷，名之曰《蘇長公外紀》』。蓋是書初成爲十卷。又據璩之璞於是書目録後之識語所言，是書『陳仲淳自婁東攜歸，士林爭相繕寫』。至『歲庚寅（萬曆十八年，1590），見馮元甫家刻幾半，不免疏鹵舛錯，與原本不類』。其後馮元甫去世，『刻亦中廢』。至『甲午（萬曆二十二年，1594），余從姜伯甫借閲抄本，其詮次大都紊雜，魚豕紛紜』，於是『遍考長公全集，按題審類，刊正重複，兼引宋元及我朝諸小史嘉話，并《弇州四部稿》所載長公事，悉纂而鈎其玄，亦撮百餘事，次第補入之，間有事類不合者，不能妄加釐正，遂從弇州初定』，又『旁採群籍，又百有餘事，系之終卷，總名曰逸編，不拘以類』。考此本第十一卷、十二卷即爲《逸編》，題署『明豫章璩之璞補』。由是言之，王世貞是書成書後經傳抄刊刻，至萬曆二十二年，璩之璞又加以校定并補《逸編》二卷，是爲今所見之十二卷本。此書明祁承爜《澹生堂藏書目》、清黄虞稷《千頃堂書目》卷一〇、丁仁《八千卷樓書目》卷五等皆有著録。《明史·藝文志》著録爲『璩之璞《蘇長公外紀》十二卷』，誤。《四庫全書總目提要》卷六〇《史部·傳記類存目》著録《宋四家外紀》之一，以爲『蓋明季坊賈所合刻』。

據上引璩之璞言，是書嘗於士林傳抄，馮元甫刻其半，然病逝後人琴俱亡。璩之璞校補是書後，蓋即刊於燕石齋。據其識語云：『友人龔惟成、宋賓之、孟直夫、陸季高爲余三復參校，或不謬誤。如昨攜入都門，馮開之太史、周岐陽武選復爲考訂，更加詳審。』又王世貞序後有牌記云：『是刻初屬諸名士刊定，乃爲傭書謬誤。春霖掩關，反覆研勘，得六十餘字，命梓補正。昔人謂校書如掃落葉，隨拂隨有，信然哉！覽是編者，脱有遺誤，不妨指示，再加釐正。廿三年乙未，璞又識。』廿三年乙未，即萬曆二十三年。據牌記，蓋萬曆二十二年璩之璞諸友校定後即刊刻，至二十三年春復加校訂釐正。故此本可定爲萬曆二十三年刻本。又是書此版每葉版心下書口處刻有小字『燕石齋刊』，故此本可定爲明萬曆二十三年璩之璞燕石齋刻本。

是書每半葉十行，行十八字，小字雙行同。左右雙邊，白口，單魚尾。版心上刻書名卷次『蘇長公外紀卷幾』，版心中部魚尾下刻類名，版心下刻葉碼，下書口處刻『燕石齋刊』。

是書爲王世貞輯纂有關蘇軾生平軼事、詩文評騭等内容之作。原書十卷，逸編二卷，其中原書除一卷上爲年譜外，其餘分遺事、恩遇、賞譽、好士、志行、政術、詩話、文談、考誤、玄理、禪那、調謔、風流、書畫、雜記、遺迹、譏評、詩案共十八類。《翁方綱纂四庫提要稿》評是書云：『五羊王宗稷年譜以下，雜採諸書，略分類目，每條注原出書名，而如《百川學海》《説郛》等皆不指明何書，則猶坊刻陋習也。』

是書卷首王世貞序首葉右側自上而下依次有『趙元方藏』『莡盟所藏』朱文長方印、『讀畫軒』朱文正方印，目録首葉右側下方有『山陰俞氏』葫蘆形朱文印、『北京市文物管理處藏書』『莡盟所藏』朱文長方印。按，『莡盟所藏』『讀畫軒』二印，未識所屬。『山陰俞氏』，蓋浙江紹興俞大維印，此書蓋其舊藏。又是書每册封面除墨筆題書名和册數外，第一册和第八册分别署『丁酉三月元方題』『丁酉三月元方題于無悔齋』。按，丁酉即 1957 年。

俞大維（1887~1993），浙江紹興人，曾國藩外曾孫。先於上海聖約翰大學獲學士學位，繼獲哈佛大學碩士和哲學博士學位。曾赴德國柏林大學深造，研修邏輯學與兵學，爲著名彈道學專家。回國後嘗任軍政部次長、交通部長，1949 年隨國民黨敗退台灣後，任『國防部』部長。俞氏好讀書藏書，藏書印有『俞大維』『山陰俞氏』『大維之印』等。

蘇長公外紀序

今天下以四姓目文章大家獨蘇公之作最爲便爽而其所撰論䇿之類於時爲最近故操觚之士鮮不習蘇公文者而雌黄之頬於公不能無少挫然使天下而有能盡四氏集者萬不得一也蘇公才甚高蓄甚博而出之甚達而又甚易凡三氏之奇盡於集而蘇公之奇不盡於集故夫天下而有能盡蘇公奇者億且不得一也公之所不盡韻而詞則温韋讓壯舌而諧謔則侯白遜雅筆而簡牘題署則黄豫章遜雋游戲

蘇長公外紀目録

一卷上　　一卷下

年譜　　遺事

二卷上　　二卷中

恩遇　　賞譽

二卷下

好士

三卷上　　三卷下

志行　　政術

四卷上　　四卷下

新刻全像海剛峰先生居官公案

《新刻全像海剛峰先生居官公案》四卷七十一回，題明李春芳編次。線裝四册。版框高 20.1 釐米，廣 26.3 釐米。

關於此書作者，多有争議。是書每卷次行署『晉人羲齋李春芳編次，金陵萬卷樓虚舟生鐫』，故歷來多以此書爲李春芳所撰或編次，如孫楷第《中國通俗小説書目》即云『明李春芳撰，題「晉人羲齋李春芳編次」』。又書前有李春芳於萬曆丙午（三十四年，1606）所寫之《新刻海剛峰先生居官公案傳序》云：『時有好事者，以耳目所睹記，即其歷官所案，爲之傳其顛末。余偶過金陵，虚舟生爲予道其事若此，欲付諸梓，而乞言於予。余亦建言得罪者忽有感於中，因喜爲之序。』據此，則李春芳是作序之人，非此書編者。且從李春芳序中可知，此書乃好事者所爲，而虚舟生刻之。至於李春芳其人，據黄傚成《明代小説史上的三個李春芳》所考，明代叫李春芳的人很多，僅明中葉以後就有五個進士叫李春芳，與小説有關者則屬三個不同的李春芳：一爲興化李春芳（1510~1584），字子實，號石麓，嘉靖二十六年（1547）殿試第一名，官至禮部尚書，曾聘用一大批小説、戲曲、詩文作者爲幕客，與陸西星、吴承恩等交往頗深；一爲編次《精忠録》之海陽李春芳，爲弘治十五年（1502）進士；一爲羲齋李春芳，即本書所署之編次者。至於虚舟生，蓋非真名，其詳不可考。

據是書卷首李春芳序言金陵虚舟生欲付梓而求序以及序末題署時間『萬曆丙午歲夏月之吉日』可知，此書蓋刻於萬曆三十四年丙午（1606）。是書每卷書名卷次之後皆題署『晉人羲齋李春芳編次，金陵萬卷樓虚舟生鐫』，又是書於版心下書口間刻有『萬卷樓刊』四字者。據此，此書可定爲明萬曆三十四年（1606）金陵萬卷樓刊本。上海古籍出版社《古本小説集成》所收者即據萬曆三十四年金陵萬卷樓刻本影印。又此本印刷多有漫漶，且書中間有斷板現象，如卷一第四十六葉，卷二第二葉、第四葉等，故可以推知此本蓋爲後印本。此書除萬曆三十四年金陵萬卷樓刻本外，尚有清文錦堂覆明本，清焕文堂、郁文堂重印本。

此書卷首李春芳序爲手迹上版，每半葉六行，行十四字，四周單邊，白口，單魚尾，版心中部刻『序』字，下部刻葉碼。正文每半葉十二行，行二十三字，圖嵌正文中。四周雙邊，白口，單魚尾，上書口刻『剛峰公案』四字，版心中部魚尾下刻卷次，下部刻葉碼，下書口間刻有『萬卷樓刊』四字。

據李春芳序可知，此書乃以海瑞歷官之案敷衍而成之公案小説。全書分四卷，共七十一回，每卷回數不一。第一卷除《皇明都御史忠介公海剛峰傳》外二十九回，第二卷十六回，第三卷十回，第四卷十六回。關於是書内容，蕭欣橋爲《古本小説集成》所寫之前言云：『此書每回記一公案，一般先叙案情經過，次列原稿狀語，再次被告反訴，最後是「海公判」詞。亦有缺第三項（被告反訴），甚至二、三兩項（原稿狀語和被告反訴）者。嚴格地説，他們都還算不上小説，衹能算幾十則短篇公案小説的素材。從小説史的角度看，它們是從生活到藝術的一個環節，是研究中國小説發展史的重要材料。』黄岩柏《中國公案小説史》以爲『其故事非海瑞實迹，多抄自他書，如抄自文言短篇集《耳談類增》十七則，抄自《百家公案》十八則，抄自《廉明公案》九則，抄自《諸司公案》兩則，又有十三則中所用判詞抄自《折獄明珠》』。

是書目録首葉右側依次有『趙元方藏』和『北京市文物管理處藏書』朱文長方印。

新刻海剛峯先生居官公案傳序

海剛峯先生直諫人也當
肅皇帝宗年齋居靜攝非時方士陶
仲文等導以齋醮引年之術羣臣
將順莫有言其非者剛峯先生時
爲比部郎無言責之任乃奮然起

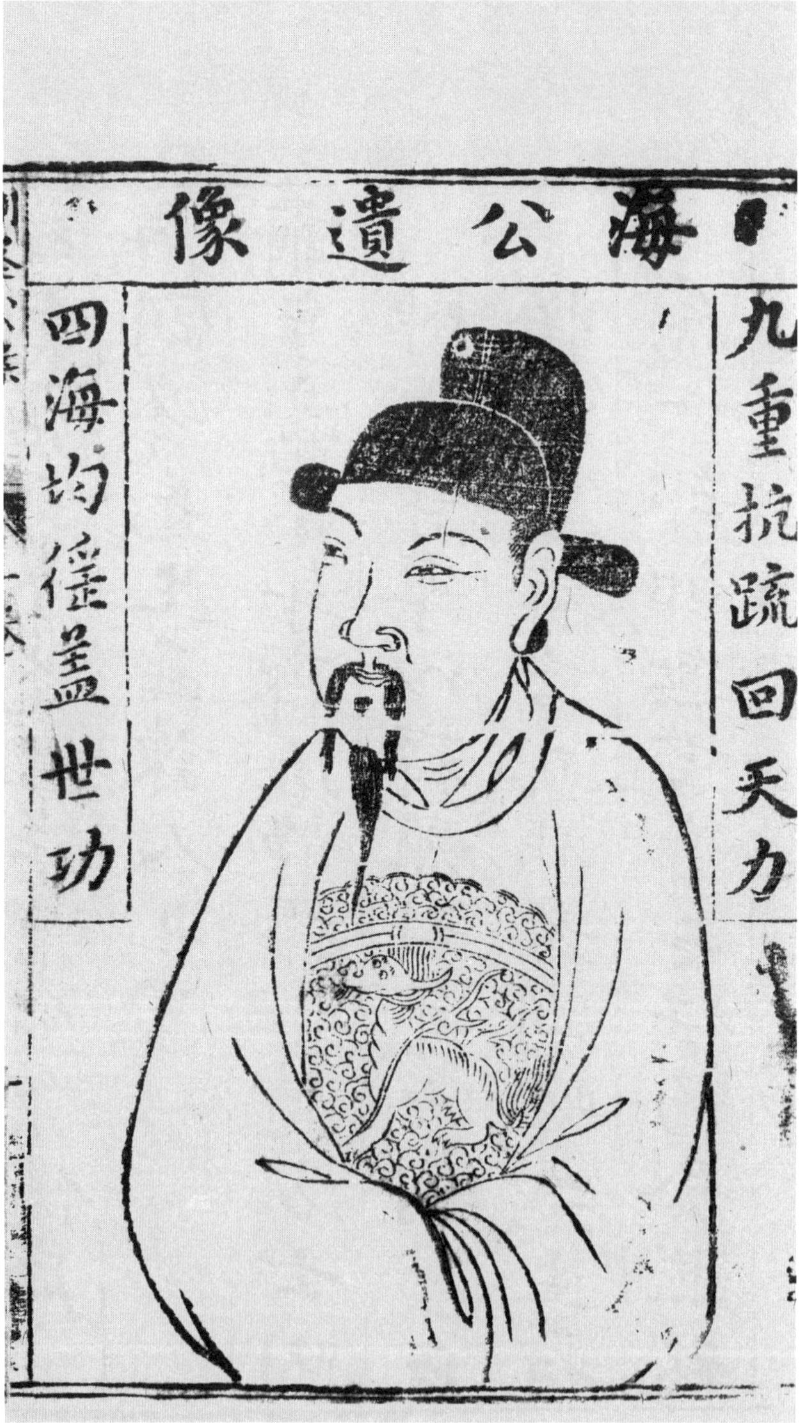
海公遺像
九重抗疏回天力
四海均徭蓋世功

福壽全書

《福壽全書》二十卷，題明陳繼儒輯。線裝八册。版框高18.8釐米，廣27.0釐米。

是書題『雲間陳眉公先生輯』，又每類首葉均署『雲間陳繼儒輯』。陳眉公即陳繼儒，故是書歷來書目多著録爲陳繼儒撰，如清丁仁《八千卷樓書目》卷一三《子部》、范邦甸《天一閣書目》卷三之一《子部》、徐乾學《傳是樓書目》、《四庫全書總目提要》卷一三二《子部・雜家類存目》等，即便今之《中國古籍善本書目》亦如是。又是書目録云『昨非菴日纂目次』，然後自『政治』至『好還』分二十類，末云『凡二十卷』，即以類爲卷，又書中各類目名、次序與此目録一一對應。按，《昨非菴日纂》爲明鄭瑄所撰，三集，每集二十卷。鄭瑄，字漢奉，號昨非菴居士，福建閩縣（今屬福州）人。崇禎四年（1631）進士，由户部郎知嘉興府，官至應天巡撫。唐王時，入爲大理寺卿，擢工部尚書。生平詳見陳衍纂《（民國）閩侯縣志》卷六七。考《昨非菴日纂》目次，順序全同此本，而類名稍有不同，即《昨非菴日纂》宦澤、頤真、汪度、解紛、徑地、韜穎、冥果諸目於此本《福壽全書》分别改爲政治、衛生、雅量、調和、心穴、閒逸、好還，而其内容則出自《昨非菴日纂》第三集。根據杜澤遜《明刊〈福壽全書〉辨僞》一文，其辨中科院藏明刻六卷本《福壽全書》，以爲『《福壽全書》剽襲《昨非菴日纂》初集無疑，作僞完全出於有意，作僞手段拙劣，作僞者當是書坊「織簾居」，陳繼儒自是作僞者所假託。《福壽全書》屬於僞書當無疑義』。此本《福壽全書》類目與中科院藏明刊本大體相同，而次序則與《昨非菴日纂》同。又與中科院藏明刊本不同者，此本内容來自《昨非菴日纂》第三集，而非初集。又此本無刊刻者信息，無中科院藏明刊本之『織簾居』，故無法確定作僞者，但同屬於書賈假託陳繼儒而襲取《昨非菴日纂》之僞書當無疑義。

此書内容既不同於中科院藏明刊本《福壽全書》，其版式行款亦異，卷前雖有署名『天平白雲子海德』之序，但并未言及刊刻時間和刊刻者信息。又此書首葉左下有『映旭齋藏板』朱文正方印。按，映旭齋多見於明末清初之小説戲曲、醫籍等刻本上，蓋當時書坊。又此書不避清諱，且託名陳繼儒，蓋爲明末書坊刊本。復旦大學圖書館藏有同版《福壽全書》，定爲明末刻本，似可從。

是書此版卷首序每半葉五行，行十字，四周單邊，白口，無魚尾，版心刻『序』字。正文部分每半葉八行，行十九字，每條首行頂格，餘則低一格。四周單邊，左右雙邊，白口，無魚尾，以墨線代之，版心中部刻類目名與葉碼，二者并排，右側類名，左側葉碼。

關於是書内容，《四庫全書總目提要》言：『皆録前賢格言遺事，自惜福以至好還，凡分二十類。多以因果爲説，蓋意在懲惡勸善。而徵引糅雜，遂近於小説家言。』據此可知，四庫館臣所見之書，蓋與今藏中科院圖書館明末刻本同。然館臣未辨僞，蓋偶失察。此本依《昨非菴日纂》目次而於類目名稍變之，二十類分别是政治一、冰操二、種德三、敦本四、詒謀五、坦游六、衛生七、静觀八、惜福九、雅量十、廣慈十一、口德十二、内省十三、守雌十四、調和十五、悔過十六、方便十七、心穴十八、閒逸十九、好還二十。是書内容全襲自《昨非菴日纂》第三集，鄭瑄《昨非菴日纂序》云：『横搜典籍，旁逮稗野，以至名公之訓誡，時賢之著述，其中懿行嘉言，芳規覆轍，睹記不一，反而自鏡，皆己事之韋弦，因採其得失攸關者，編爲二十類。』儘管如此，但其内容龐雜，多有不經者，故《四庫全書總目提要》謂其『議論佻淺，徵引亦多雜糅，《冥果》一類皆出小説家言，尤不可爲典要』。

是書首葉有『映旭齋藏板』朱文正方印，正文首葉右下有『齊林玉世世子孫永寶用』朱文長方印，正文中偶有『王明温印』朱文正方印和『保安堂記』朱文長方印。按，『齊林玉世世子孫永寶用』印爲齊如山之印，其餘不詳。

齊如山（1877~1962），名宗康，以字行。河北高陽人。光緒二十年（1894）進入京師同文館學習。庚子事變後，同文館停辦，開始經營商業，并三次赴歐洲辦理商務，觀摩西方戲劇。二十世紀三十年代，嘗主持國劇學會，編輯出版《戲劇叢刊》《國學畫報》等。齊氏在戲劇領域造詣深厚，是著名的戲劇理論家。齊氏藏書以戲劇爲主，搜集大量戲曲史料，收藏戲曲一千多種，多爲稀見珍品。一生著述甚豐，有《國劇概論》《國劇要略》《國劇的原則》《國劇漫談》《五十年來的國劇》等，今人編纂有《齊如山文集》，收録較備。

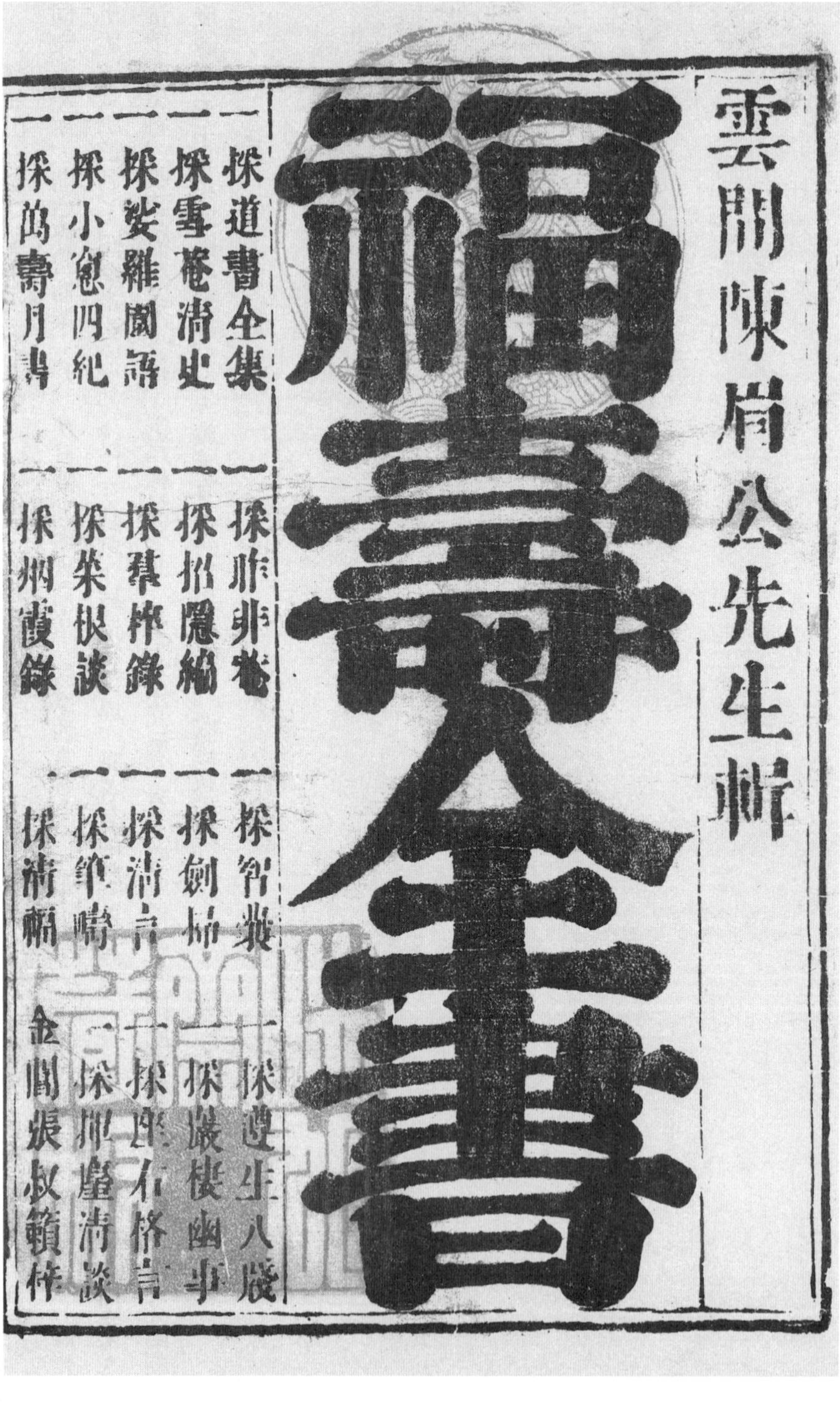

雲間陳眉公先生輯

福壽全書

一採道書全集
一採昨非菴
一採智囊
一採遵生八箋
一採雪菴清史
一採招隱編
一採劍掃
一採巖棲幽事
一採娑羅園語
一採尋樂錄
一採清言
一採[illegible]石恠言
一採小窗四紀
一採菜根談
一採筆疇
一採[illegible]臺清談
一採鶴壽月書
一採烟霞錄
一採清賴

金閶張叔籟梓

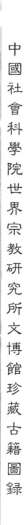

雲間陳繼儒輯

政治

梁彥光爲相州刺史。有滏陽人焦通。性酗酒。事親禮闕。爲從弟所訟。彥光弗之罪。將至州學。令觀孔子廟中韓伯瑜。母杖不痛。哀母力衰。對母悲泣之像。通遂感悟。悲愧若無容者。彥光訓喻而遺之。後改過爲善士。

庚子銷夏記

《庚子銷夏記》八卷，清孫承澤撰。綫裝四册。版框高 17.9 釐米，廣 27.0 釐米。

孫承澤（1592~1676），字耳伯，號北海、退谷。順天大興（今屬北京）人。明崇禎四年進士（1631），官至刑科都給事中。南明福王時，以其曾降附李自成而定入從賊案。清順治元年（1644）五月，起授吏科都給事中，歷官大理寺卿、兵部右侍郎、吏部左侍郎，加太子太保、都察院左都御史銜。年六十引疾歸。孫承澤家富藏書，築萬卷樓，於書畫賞鑒尤精。著述有《尚書集解》《九州山川考》《洪範經傳集義》《五經翼》《畿輔人物志》《天府廣記》《元朝典故編年考》《學典》《考正朱子晚年定論》《春明夢餘録》《庚子銷夏記》《閒者軒帖考》《己亥存稿》等。生平事迹詳見《碑傳集》卷一〇《光禄大夫太子太保都察院右都御史吏部左侍郎孫公承澤行狀》及《清史列傳》卷七九《貳臣傳乙》。是書乃孫承澤有關書畫鑒賞題跋之書，據盧文弨《庚子銷夏記序》云：『《庚子銷夏記》者，北平孫退谷先生評騭其所見晉唐以來名人書畫之所作也。……庚子歲爲順治十七年，退谷是時年幾七十矣。既耄，猶能以好古著書自娱。』又是書卷一孫承澤自記云：『庚子四月之朔，天氣漸炎，……入書舍取法書名畫一二種，反復詳玩，盡領其致，然後乃置原處。』又卷末余集跋云：『是書之作，歲在庚子，始四月，迄六月，故名之曰《庚子銷夏記》，紀實也。』庚子即順治十七年（1660）。此時距孫承澤於順治十年引疾歸家居已久，然《四庫全書總目提要》云『是編乃順治十六年承澤退居後所作』，蓋誤。是書成書後多以鈔本流傳，至乾隆二十六年（1761）鮑廷博始刻於知不足齋，至乾隆年間修《四庫全書》，此書又被收入子部藝術類中。

是書此本即乾隆二十六年鮑廷博知不足齋刻本。是書卷首盧文弨寫於乾隆二十六年辛巳六月之序、目録末鮑廷博寫於乾隆二十年乙亥之識語、第八卷末夏璜跋、余集識語以及卷末余集、張賓鶴之跋，皆述及是書刊刻始末。鮑廷博識語云：『偶於吴下鈔得之，竊有貧兒暴富之喜，惜多誤書，無從是正。窗紙竹屋，風雨蕭然，惟遲吾友身山居士來，焚香瀹茗，細商略之。』蓋鮑廷博於乾隆二十年從吴下鈔得此書，而書中多有訛誤。所謂『吾友身山居士』，即夏璜，據八卷末余集識語言夏璜，『字望珍，身山其自號也』，卒於乾隆二十四年。夏璜跋云：『右北海《銷夏記》，身山居士借閲於鮑子以文家，并爲點勘其訛字。丙子二月五日校對畢。』知乾隆二十一年丙子，夏璜即點勘并校對完此書。余集乾隆二十六年跋云：『庚辰冬，吾友鮑子以文將付之梓，而屬余書，時方歲晏，……今年（乾隆二十六年，1660）二月始畢事。』又張賓鶴跋云：『余子蓉裳工小楷，爲寫七卷，其寓目記一卷，以文屬余續終之。始開彫於乾隆庚辰臘，越辛巳二月克蕆事。』據此可知，乾隆二十五年臘月鮑廷博即屬余集書前七卷，以第八卷寓目記屬張賓鶴續寫，至二十六年二月書寫并刊刻完成。蓋隨寫隨雕，寫竣亦雕刻蕆事。寫刻既成，求序於盧文弨，故盧文弨序云：『既成，請予弁其端。』是書乃手寫上版之精刻本，刷印亦甚精。

是書每半葉十行，行二十字。全書左右雙邊，黑口，雙魚尾，版心兩魚尾間，上刻『庚子銷夏記卷幾』，下刻葉碼。

孫氏此書乃其順治十七年庚子夏鑒賞書畫之作，全書八卷。關於每卷具體内容暨著録體例，《四庫全書總目提要》概括云：『自一卷至三卷皆所藏晉唐至明書畫真迹。四卷至七卷皆古石。每條先標其名，而列評□於其下。八卷爲寓目記，則皆他人所藏而曾爲承澤所見者，故別爲一卷附之。』孫承澤富藏書畫，且『於鑒賞書畫，則別有專長』，此書實乃其書畫鑒賞意見之集中體現。盧文弨序評其云：『鈎玄抉奥，題甲署乙，足以廣見聞而益神智，其鑒裁精審，古人當必引爲知己。余尤愛其有恬曠之懷，蕭閒之致，雖今昔聚散之慨所不能無，而亦不至吝情太甚，以視趙德父之欲求適意而反取僇慄者，固不同哉！』又《四庫全書總目提要》云：『大抵議論之中，間有考據。如宋之錢時，嘗爲祕閣校勘、史館檢閱，終於江東帥屬，本傳所載甚明，而承澤以爲隱居不仕。此類亦頗失於檢點。然其鑒裁精審，叙次雅潔，猶有米芾、黄長睿之遺風，視董逌之文筆晦澀者，實爲勝之。其人可薄，其書未可薄也。』

是書無藏書印。

北平孫退谷著

庚子銷夏記

庚子銷夏記卷一

庚子四月之朔天氣漸炎晨起坐東籬書舍注易數行閉目少坐令此中湛然無一物再隨意讀陶韋李杜詩韓歐王曾諸家文及重訂所著夢餘錄人物志諸書倦則取古柴窑小枕偃卧南窓下自烹所蓄茗連啜數小盂或入書閣整頓架上書或坐藤下撫摩雙石或登小臺望郊壇烟樹倘佯少許復入書舍取法書名畫一二種反復詳玩盡領其致然後仍置原處閉扉屏息而坐家居已久人鮮過者然亦不欲晤人老人畏熱或免蒸灼之苦

擇吉會要

《擇吉會要》四卷，清姚承輿撰。線裝四册。版框高 18.3 釐米，廣 28.6 釐米。

姚承輿，字正甫，或作正父，浙江歸安人。據《清史稿》卷一〇九《選舉四》：『咸豐五年，以各省用兵，詔採訪才兼文武、膽識出衆之士。御史宗稷辰疏薦湖南左宗棠，浙江姚承輿，江蘇周騰虎、管晏，廣西唐啓華。』又《清史稿》卷四二三《宗稷辰傳》謂姚承輿『肝膽經術，實可取材』。又清陳慶鏞《籀經堂類稿》卷一一《姚正父爾雅啓蒙序》云：『歸安姚君正父，通堪輿，并精奇文六壬，斷人時事無不奇中。……人知正父之學爲術學，而不知正父之學乃經學也。』蓋姚承輿頗有文武才略，而精於術數，於經學亦多有造詣。其著述有《爾雅啓蒙》《擇吉會要》《陽宅正宗》等。《擇吉會要》四卷，書前有姚氏自序，自述作此書之緣由，以爲『選擇一道，古人重之，三代以上專論日月之晦明，干支之剛柔，絶少拘忌，後世術家增設神殺，以惑人世之聽聞，致使宜忌混淆，是非雜糅，幾有動輒得咎之虞』。儘管清代有御定之《協紀辨方》一書，且『校正神殺，剛除不經』，但是『卷帙浩繁，鄉曲艱於苟求，行篋更難攜帶』。此外，《諏吉便覽》『出入成爲便，惜一切應用等法尚多缺略』，福建、廣東《通書》『間有可取，而造命之法未詳，已删剛除之神殺復行採入，且刊刻訛謬，貽誤更多』，同里沈亮功《通德類情》雖『指駁神殺，可謂善本』，但『所載泊宫俱是捏造，即論造命，亦沿訛襲謬，選擇奧義仍未明也』。鑒於此，姚承輿『謹遵《協紀》一書，兼採諸家之説，參以己意，删去年月神殺，并爲論説』，以撰是書。

是書書名葉題『擇吉會要』，左下署『錢塘許乃譜題』，右上有題署時間『道光己酉冬』。按，道光己酉即道光二十九年（1849）。又是書卷首有姚元之序與姚承輿自序并署道光二十八年，蔣庸奇序所署時間爲道光二十七年。綜合上述信息判斷，此書蓋刻成於道光二十九年。中國國家圖書館藏有同本，亦定爲道光二十九年刻本。

是書每半葉十一行，行二十五字，小字雙行同。全書左右雙邊，白口，無魚尾，版心下刻葉碼。

是書共四卷，卷一爲《干支凡例》《神煞論》《制煞論》《年神義解》《月神義解》《日神義解》《時神義解》《應用》，卷二爲《六十甲子年月日時生命干支神煞吉凶宜忌表》，卷三爲《五行凡例》《本原論》《右旋解》《造命訣》《應用要言》《星盤圖》，卷四爲《六壬課義解》《陰陽刃圖》《五行長生圖》《斗杓圖》《分野圖》《吉凶課例》《歲月干支時煞表》《兵占義例》《占驗》《陰陽寶鏡圖》《四時八節圖》《三元歌》。關於是書内容，姚承輿自序言是書『刪去年月神殺，并爲之論説，以明古人選擇之法，即爲開山立向修方之用。又附年、月、日、時義解四篇，應用七八十條，以之參考棄取較易。每月日辰下，《協紀》所注宜外，以《通書》之所宜，查其可以從宜、不從忌者，爲之添注，并《協紀》之所注忌者，俱載於後』，於五行星象，則『著其凡例，論其本源，辨其行度，明其真訣，詳其用法，……并爲之繪圖，俾閲者瞭如指掌。簡末更附六壬奇門，以備其式』。蔣庸奇序謂是書『言數則歸於理，論事皆本於經。刪神煞之不經，取捨有道；論日時之孤旺，生化有權』。

是書姚元之序首葉右下和目録首葉右下均有『天我室印』朱文正方印。按，此印歸屬不可考。

道光己酉冬

擇吉會要

錢唐許乃普題

四月 除 月空 天赦 官日 吉期 聖心 青龍 鳴吠 大時 大敗 咸池	**五月 建** 天赦 陽德 官日 金堂 司命 鳴吠 月建 小時 土府 月刑 月厭 地火 土符	**六月 閉** 天德 月德 天赦 官日 六合 不將 鳴吠 天吏 致死 血支 往亡 天牢	**七月 開** 天馬 時陽 生氣 不將 玉宇 鳴吠 災煞 天火 白虎
三月 滿 時德 民日 天巫 福德 鳴吠 災煞 天火 大煞 天刑	納音 沙中金 冬至：上元四綠 中元一白 下元七赤	夏至：上元六白 中元九紫 下元三碧 入中宮	**八月 收** 月空 不將 福生 金匱 鳴吠 天罡 大時 大敗 咸池 天賊 九坎 九焦
二月 平 月德 時德 民日 益後 金匱 鳴吠 河魁 死神 天吏 致死			**九月 成** 三合 天倉 天喜 天醫 要安 鳴吠 天刑
正月 定 時德 民日 三合 臨日 天馬 時陰 鳴吠 死氣 復日 白虎	**十二月 執** 月空 四相 敬安 解神 鳴吠 月害 大時 大敗 咸池 小耗 五虛 天牢	**十一月 破** 月恩 四相 陽德 六儀 續世 解神 司命 鳴吠 月破 大耗 災煞 天火 厭對 招搖 五虛 血忌	**十月 危** 月德 四相 普護 青龍 鳴吠 天吏 致死 五虛

百孝圖說

《百孝圖說》二卷，民國陳壽清編。綫裝二册。版框高 18.3 釐米，廣 28.6 釐米。

陳壽清，據是書卷首《重編百孝圖説叙言》自署『上海陳壽清』，可知其爲上海人。其餘字號、生平事迹不詳。是書封面題簽及書名葉皆有『述古老人題』五字及『龍鳳高峰』『述古老人』朱文正方印。按，述古老人即彭泰榮（1873~1950），字汝尊，號述古老人、龍鳳山述古老人，四川永川（今屬重慶）人。宣統元年（1909）繼任民間宗教同善社（即禮門、孔聖教）第十六代祖師。二年，受宣統召見，准以『慈善社』之名在全國傳道。民國期間，先後於四川、北京、上海等地吸收士紳、軍伐入社，影響盛極一時。此書蓋即同善社印行的勸孝讀物。陳壽清根據《重編百孝圖説叙言》所述，於民國二十四年乙亥（1935）得咸豐間黄小坪所編《百孝圖詩傳》，在其基礎上加以增補，并『擬倩人編成淺顯文詞，以便雅俗共賞』，於民國二十六年丙子託舒季愚專求郭蓮青執筆，經過四旬餘而將百篇完全撰妥，又『承李明庶、孫似樓兩先生重爲校閲，始行定稿』，書中二百餘幀圖則『孟澤臣、吴一舸兩先生爲之秉筆』。是書編纂既竣，即付印，據陳壽清《叙》言：『此書用兩種紙印就，其用普通紙印者，取其價廉能多印多傳也；其用宣紙印者，備送各圖書館保存以留書種也。』按此本即爲宣紙所印。

是書陳壽清《序》詳述編印緣起、過程及展望，末題署時間爲『孔子二千四百八十八年中元丁丑正月』。又書名葉『述古老人』題寫書名所署時間爲『丁丑年二月』，其後姚濟蒼書《金科例賞孝德》、李時品序、杜尚敬序、孫忠亮亦并屬丁丑。按，丁丑即民國二十六年。又姚衛書《玄天上帝報恩教主勸人宜行大孝報答雙親文》所署時間爲

『戊寅歲四月初九日』，徐鶴年序署『民國二十七年歲次戊寅季春』。蓋此書付印當在民國二十七年（1938）。又，是書版心下書口處印『北京和記印書館印』，此當爲石印此書之機構。綜上所言，此書可定爲民國二十七年（1938）北京和記印書館石印本。

是書因體例之限，每葉行數、每行字數不一。大體而言，正文分有圖與無圖兩類：有圖者上圖下文，每半葉十二行，行十四字，小字雙行同；無圖者每半葉十一行，行三十字，小字雙行同。全書無邊欄行格，版心上部印『百孝圖説上卷』或『百孝圖説下卷』，次印篇名，版心下部印葉碼，下書口處印『北京和記印書館印』八字。

是書乃陳壽清據咸豐年間黄小坪所編《百孝圖詩傳》增廣改編而成之勸孝書。其增廣改編之具體情况，陳壽清《序》云：『根據書中朝代姓名，參考書史及各省通志，詳爲考其籍貫事迹。其人名字號之詳略，先僅正史採用，以求準確，而使徵信。……原書中有事迹簡略，無從採取增補者，凡十七篇，未能訪實表彰，既不敢率意叙述，更不忍聽其湮没，爰分類併歸六篇。所缺十一篇，另擇名賢烈女事迹較多者加入，足成百篇之數。是以此編内容實較原書增加名賢二十有一、烈女四。……并選録原序四篇，詩一篇暨七絶百首，附之篇末，其增加名賢烈女所缺之詩，亦由郭君補足之。』今傳是書共上下兩卷，其中卷上依次爲述古老人《勸孝歌》《金科例賞孝德》《文昌帝君八反歌》《九華仙山幽冥教主地藏願王菩薩度人真經》《玄天上帝報恩教主勸人宜行大孝報答雙親文》，李明庶《百孝圖説序》，杜尚敬《百孝圖説序》，徐鶴年《百孝圖説序》，孫忠亮《百孝圖説序》，陳壽清《重編百孝圖説叙言》、《凡例》、《參考引證各書名》、《分類序説》、《百孝圖説總目》、上卷《標目排句》、正文自《帝孝・虞舜終身孺子慕》至《醫藥・解叔謙籐酒療親》及索引表一二；下卷依次爲《標目排句》、正文自《割股・唐儼夫婦篤孝思》至《乳孝・崔氏婦乳姑盡孝》、索引表一二及附録。附録爲原序四則、原百孝詠、增廣百孝詩。

此本無藏書印鑒。

丁丑年二月

百孝圖說

述古老人題

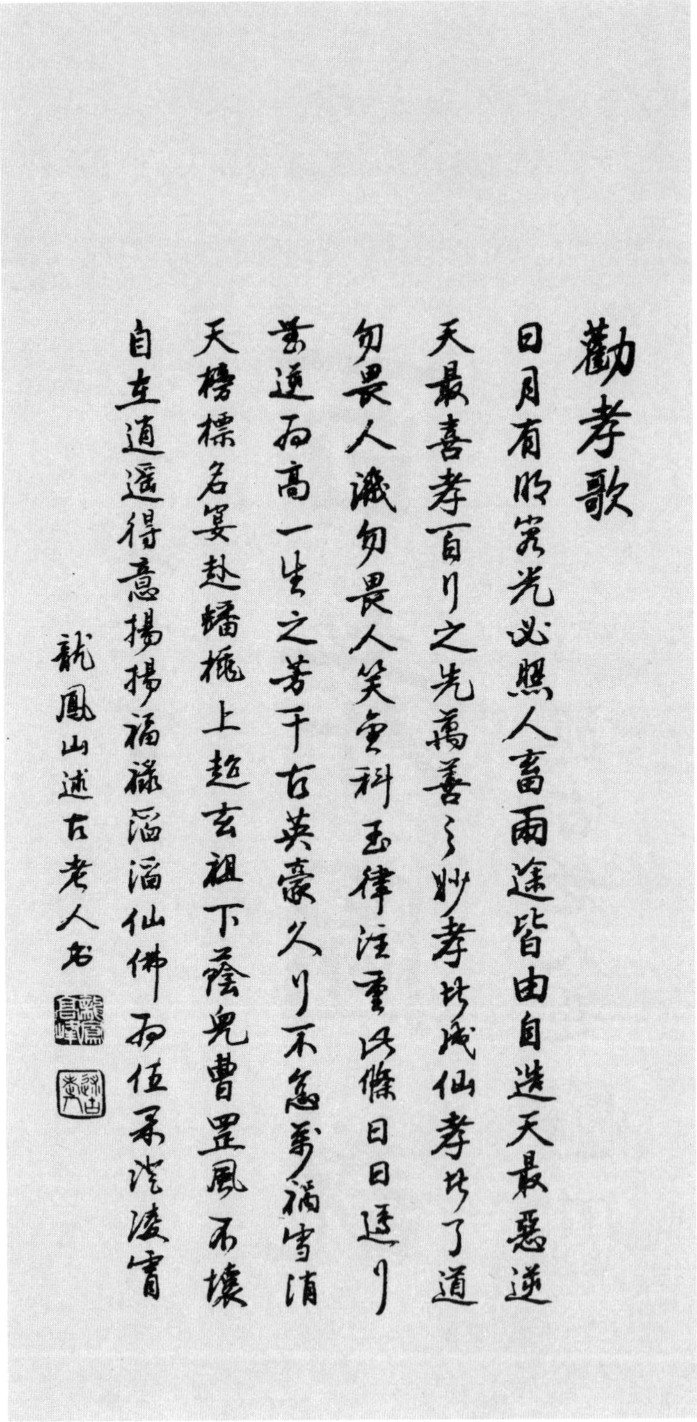

勸孝歌

日月有明容光必照人畜兩途皆由自造天最惡逆
天最喜孝百行之先萬善之妙孝能成仙孝能了道
勿畏人識勿畏人笑重科玉律注重此條日日遵行
若逆而高一生之苦千古英豪久行不怠萬禍雪消
天榜標名宴赴蟠桃上超玄祖下蔭兒曹罡風不壞
自在逍遙得意揚揚福祿滔滔仙佛可位永證凌霄

龍鳳山述古老人書

帝孝

虞舜終身孺子慕

至聖降世異兆感大虹
湘妃有情啼淚灑斑竹

虞帝舜。先世國於虞。虞城故址在山西平陸縣系出虞幕。左傳自幕至瞽瞍無違命父瞽瞍。母名握登。因見大虹有感。受孕。生帝於姚墟。在山西永濟縣後。徙居溈汭。二水名在永濟縣首陽山下南曰溈北曰汭母死。父娶後妻。生子名象。父惑後妻言。每欲殺舜。舜力盡孝道。益持敬恭。號泣旻天。毫無怨意。遠近傳其孝名。耕於曆山。即雷首山今曰中條人皆讓畔。漁於雷澤。在雷首山下又曰雷水人皆讓居。

北京和記印書館印

集部文獻

蔡中郎集

《蔡中郎集》十卷外傳一卷，漢蔡邕撰。綫裝四册。版框高20.2釐米，廣27.4釐米。録文與詩共七十一篇。

蔡邕，字伯喈，陳留圉人（今河南杞縣）。東漢文學家、書法家，蔡文姬之父。權臣董卓當政時拜左中郎將，故後世稱『蔡中郎』。熹平四年，蔡邕奏求正定經書文字，手書隸書一體刻於碑，立於太學門外，是爲『熹平石經』，爲後世石經刊刻之權輿。《後漢書·蔡邕列傳》：『其撰集漢事，未見録以繼後史。適作《靈紀》及十意，又補諸列傳四十二篇，因李傕之亂，湮没多不存。所著詩、賦、碑、誄、銘、贊、連珠、箴、吊、論議、《獨斷》、《勸學》、《釋誨》、《叙樂》、《女訓》、《篆藝》、祝文、章表、書記，凡百四篇，傳於世。』《四庫全書總目提要》辨析其流傳甚明：『《隋志》載後漢左中郎將蔡邕集十二卷。注曰梁有二十卷，録一卷。則其集至隋已非完本。《舊唐志》乃仍作二十卷，當由官書佚脱，而民間傳本未亡，故復出也。《宋志》著録僅十卷，則又經散亡，非其舊本矣。』

是書每半葉九行，行二十字，四周單邊。白口，單魚尾。魚尾上方刻書名，下方刻卷數及葉數。正文第一卷卷首頂格題『蔡中郎文集卷之幾』，次行空三格題『漢左中郎將蔡邕伯喈傳』，其餘各卷次行則無此題。各卷末題『蔡中郎文集卷之幾終』。正文小題空兩格，詩文頂格，文中另有銘、詞則空一格刊刻。

是書第四册封面有『丁亥端午日題於無悔齋』藍筆批語，知是趙鈁所批。第一册封面有『順治刻十卷本』趙鈁批語，首録順治十一年山東道監察御史邑後學劉嗣美『重刊蔡中郎文集跋』，叙述刻書緣由；次録歐静原序，萬曆二年徐子器原跋；次録康熙三年丁泰跋。據此則此本爲康熙三年（1664）印本。扉葉有趙鈁批語，認爲『此本即重刻王乾章本也』。目録葉有『校明萬曆王乾章刻本，嘉靖丁丑七月忠校』朱文批校句讀，趙鈁認爲『或是吴志忠筆也』，又説『昨收進王乾章本與此朱筆校合』。此外尚有墨筆批校句讀，未審何人。

此本藏書印有：石間艸堂藏書（白文方形，劉嗣美跋）、蝢灘（朱文葫蘆形，歐陽静序）、震艮圖形印（徐子器跋）、樂亦在其中（白文方形，丁泰跋）、貫曲（白文橢圓形，目録葉）。此外卷首又有：長州顧氏藏書（朱文長方形）、湘舟過眼（朱文正方形）、重光（朱文長方形）、吾師黄石（白文正方形）。

顧沅，字湘舟，號澧蘭，别署倉浪漁父，長洲（今江蘇蘇州）人。道光間官至教諭。著《遊山小草》《昆山志》《然松書屋詩抄》等，輯刻有《賜硯堂叢書》《賜硯堂叢書新編》等。顧氏藏書、金石甲於三吴，藏書十萬餘卷，頗富於宋元版、名人評校本、明版和傳抄本、碑刻等。其書後多散入丁日昌持静齋。

蔣重光，字子宣，號辛齋，清長州人。著有《賦琴樓遺稿》《缶音小草》《囈語集》等。藏書甚富，室名『琴賦樓』『賜書樓』。乾隆三十八年詔開四庫館，其子曾瑩檢其所審定秘笈百種以進。

吴志忠，字有堂，號妙道人，清長洲人，成佐之孫。與黄丕烈、顧廣圻遊，長於目録校勘之學，輯有《璜川吴氏經學叢書》。

重刊蔡中郎文集跋

中郎曠世逸才博綜漢事使得竟其業當與龍門扶風相驅後先惜也匪比之傷一哭殞身千載而下良

蔡中郎文集卷第一

漢左中郎將蔡邕伯喈傳

太尉喬橋公廟碑 抄有故字

光光列考伊漢元公克明克哲實叡實聰如淵之

浚如嶽之嵩威壯虓虎文繁雕龍撫柔疆垂戎狄

率從敷教中夏五教攸通帝謂我后朕嘉君功命

君三事時亮天功公拜稽首翼翼惟恭左右天子

祗厥勳庸庶績既熙黎民時雍上下謐寧八方和

同丕顯伊德作憲萬邦公諱玄字公祖少辟孝廉

蔡中郎集 卷之一

曹子建集

《曹子建集》十卷，魏曹植撰。綫裝二册。版框高19.5釐米，廣29釐米。

曹植，字子建，東漢豫州刺史部譙（今安徽省亳州市）人。生前曾爲陳王，去世後謚號『思』，故稱陳思王。建安文學代表人物，與曹操、曹丕合稱爲『三曹』。鍾嶸《詩品》贊曹植『骨氣奇高，詞彩華茂，情兼雅怨，體被文質，粲溢今古，卓爾不群』，列爲上品。

此書封面有趙昉（元方）題『郭雲鵬刻本』。目録前載吴郡徐伯虯《刻曹子建集序》説明刊刻緣由及刊刻人：『按景初中植著凡百餘篇，隋爲三十卷，今卷止十，詩文反溢而近二百篇。郭子萬程雅好是集，遂估仍之，刊布以傳焉。』可知此書爲明嘉靖二十一年（1542）郭雲鵬刻本。《四庫全書總目提要》載：『《魏志》植本傳，景初中，撰録植所著賦頌、詩銘、雜論凡百餘篇，副藏内外。《隋書·經籍志》載《陳思王集》三十卷。《唐書·藝文志》作二十卷，然復曰又三十卷。蓋三十卷者，隋時舊本；二十卷者，爲後來合併重編，實無兩集。鄭樵作《通志略》，亦并載二本。焦竑作《國史經籍志》，遂合二本卷數爲一，稱植集爲五十卷，謬之甚矣。陳振孫《直齋書録解題》亦作二十卷。然振孫謂其間頗有採取《御覽》《書鈔》《類聚》中所有者。則捃摭而成，已非唐時二十卷之舊。《文獻通考》作十卷，又并非陳氏著録之舊。此本（按：兩江總督采進本）目録後有「嘉定六年癸酉」字，猶從宋寧宗時本翻雕。蓋即《通考》所載也。凡賦四十四篇，詩七十四篇，雜文九十二篇，合計之，得二百十篇。較魏志所稱百餘篇者，其數轉溢。然殘篇斷句，錯出其間。』

是書每半葉九行，行十七字，雙行小字同。左右雙邊，白口，單魚尾。魚尾下方刻『曹集卷幾』及葉數。首録徐伯虬《刻曹子建集序》，次録『曹集疑字音釋』，次目録，次正文。正文每卷卷首及卷末題『曹子建集卷第幾』，次行題『魏陳思王曹植撰』。小題低兩格刊刻，正文頂格。文中有趙舫（元方）朱文批校，記録此本與活字本（一爲王惕甫藏，一爲銅活字本，一不知爲何本）、宋本的異文、闕字、卷次不同以及其他校勘情況。

此本藏書印有：憂日館收藏印（朱文長方，徐伯虬《序》、卷一、卷七、卷十末）、徐安（朱文正方，卷一、卷七、卷十末）、趙舫珍藏（白文正方，卷一）、元方（朱文正方，卷十末）、清節爲秋（白文正方，卷六末）。又目録葉鈐有：元方手校（白文長方）、徐鈐印（白文正方）、曉霞（朱文正方）、曾在趙元方家（朱文長方）、北京市文物管理處藏書（朱文長方）。

刻曹子建集序

昔仲尼脩述詩書之指而三代遡絶矣然論者猶有取於漢魏焉乃余觀兩漢去古未遠讀紀傳之篇誦郊廟閭巷之歌慨焉猶想見其人各懷剞劂渢渢乎可爲經學之次也又下論於魏鄴中數子文學特茂若曹子建

活字本二 一

曹子建集卷第一

魏陳思王曹植撰

東征賦并序

建安十九年王師東征吳寇余典禁兵衛官省然神武一舉東夷必克想見振旅之盛故作賦二篇

登城隅之飛觀兮望六師之所營幡旗轉而心異兮舟楫動而傷情顧身微而任顯兮愧任重而命輕嗟我愁其何爲兮心遥思而懸

沈隱侯集

《沈隱侯集》十六卷附録一卷，南朝梁沈約撰。線裝八册。版框高20.5釐米，廣29.1釐米。集内又按文體分爲賦、樂府、詩、詔、敕、制、表、章、彈文、啓、書、序、論、義、頌、贊、銘等。沈約，字休文，吴興武康（今浙江湖州德清）人。梁武帝蕭衍時封建昌縣侯，謚號『隱』（懷情不盡曰隱），故稱『沈隱侯』。南朝史學家、文學家，永明體代表人物。鍾嶸《詩品》評『不閑于經綸，而長於清怨』，列爲中品。

沈約之著作，《崇文總目》載有『沈約集九卷（鑒按：通考十五卷，别集一卷，又九卷，舊唐志、唐志、通志略并一百卷）』。《直齋書録解題》著録『《沈約集》十五卷，《别集》一卷，又九卷』。并説『約有文集百卷，今所存唯此而已。十五卷者，前二卷爲賦，餘皆詩也。《别集》雜録詩文，不分卷。九卷者，皆詔草也。《館閣書目》但有此九卷及詩一卷，凡四十八首』。《郡齋讀書志》又有《沈賀謚法》四卷凡七百九十四條，然其著作除《宋書》外多不傳。此十六卷本亦非宋之舊帙，當爲明人所編。

此本首録《重纂沈隱侯集序》，題爲『壬戌夏五閩漳張燮識於金華道中，南海朱光夜書』，有『張燮之印』『紹和』兩印。張燮（1574~1640），字紹和，自號海濱逸史，福建龍溪縣人。其生年在明萬曆至崇禎間，則此『壬戌』當爲明天啓二年（1622），故此本爲明天啓二年刻本，屬於七十二家集本。

是書每半葉九行，行十八字，雙行小字同，左右雙邊。白口，單魚尾。魚尾上方刻『沈隱侯集』，下方刻卷數及葉數。首録張燮《序》，次目録，次正文。正文每卷首行題『沈隱侯集卷之幾』，次行題『梁吴興沈約休文著』，三行題『明閩漳張燮紹和纂』。文體空一格，小題空兩格，小題之下一級題目則空三格，正文頂格刊刻。此本格式奇特處在於，一賦刊刻不滿半葉則空若干行，於下一半葉之首再刊刻下一首賦。

此本藏書印有：趙元方藏（朱文長方，張燮《序》）、枕碧樓藏書記（朱文不規則形，目録葉）、老見異書猶眼明（白文正方，目録葉、卷二、卷五、卷七、卷九、卷十一、卷十四、卷十六）、北京市文物管理處藏書（朱文長方，卷一）、趙（白文正方，附録卷末）。

沈家本，字子淳，别號寄簃，浙江吴興（今浙江湖州）人。清末新法家代表人物。藏書達五萬餘卷，『枕碧樓』爲其著述、藏書之所。輯有《枕碧樓叢書》12種。喜治目録學，著有《天一閣書目跋》《天一閣見存書目跋》《天禄琳琅書目跋》《古書目四種》《續漢書志注所引書目》等。

重纂沈隱侯集序

休文八病四聲墨莊同所稟仰千載下不得越隴而飛乃天子聖哲帝竟不遵用人故有遇而不遇耶郊廟樂章後来以其不純用典誥命蕭子雲易之今二

沈隱侯集卷之一

梁吳興沈約休文著
明閩漳張燮紹和纂

賦

郊居賦

惟至人之非已固物我而兼忘自中智以下洎咸得性以爲場獸因窟而獲騁鳥先巢而後翔陳巷窮而業泰嬰居湫而惠昌僑棲仁於東里鳳晦迹於西堂伊吾人之褊志無經世之大方

玉臺新詠

《玉臺新詠》十卷，南朝陳徐陵撰。線裝二册，版框高21釐米，廣28.6釐米。

其書前八卷爲自漢至梁五言詩，第九卷爲歌行，第十卷爲五言二韻之詩。徐陵，字孝穆，東海郯（今山東省郯城縣）人。宫體詩代表人物，徐摛之子。與庾信并稱『徐庾』，因兩人詩文風格綺麗，世號『徐庾體』。著作今傳有《徐孝穆集》《玉臺新詠》。

是書末有陳玉父《後叙》論及刊刻始末：『右《玉臺新詠》十卷，幼時至外家李氏，於廢書中得之，舊京本也。宋失一葉，間復多錯謬，版亦時有刓者。欲求他本是正，多不獲。嘉定乙亥在會稽始從人借得豫章刻本，財五卷，蓋至刻者中徙，故弗畢也。又聞有得石氏所藏録本者，復求觀之，以補亡校脱，於是其書復全可繕寫。……是歲十月旦日書其後。永嘉陳玉父。』則此十卷本《玉臺新詠》原爲宋國子監刻本、五卷本豫章刻與石氏所藏録本補亡校脱，于南宋寧宗乙亥（八年，1215）刊刻的。《四庫全書總目提要》載：『此本（按：兵部侍郎紀昀家藏本）爲趙宧光家所傳宋刻，有嘉定乙亥永嘉陳玉父重刻《跋》，最爲完善。間有後人附入之作，如武陵王閨妾《寄征人詩》，沈約《八詠之六》諸篇，皆一一注明，尤爲精審。然玉父《跋》，稱初從外家李氏得舊京本，間多錯謬，復得石氏所藏録本，以補亡校脱。如五言詩中，入李延年歌一首，陳琳《飲馬長城窟行》一首，沈約《六憶詩》四首，皆自亂其例；七言詩中，移《東飛伯勞歌》於《越人歌》之前，亦乖世次。疑石氏本，有所竄亂，而玉父因之，未察也。』考此本，卷一于五言中入李延年歌一首（并序）、陳琳《飲馬長城窟行》一首，卷五入沈約《六憶詩》四首（三言五言），卷九《東飛伯勞歌》在《越人歌》之前，《跋》及體例與《四庫全書總目提要》所載同。據其他目録所載及書影綜合考訂，是書爲明崇禎六年寒山趙均小宛堂刻本。

是書每半葉十五行，行三十字，左右雙邊。細黑口。版心中部刻書名卷數及葉數。首録徐陵《玉臺新詠集并序》，次正文。正文每卷首及卷尾題『玉臺新詠卷第幾』，卷一次行題『陳尚書左僕射太子少傅東海徐陵字孝穆撰』，餘下各卷次行接小題。小題于卷首後低一格刊刻，于正文中低兩格，正文頂格刊刻。

關於《玉臺新詠》的編纂原因與時間，唐李康成云：『昔陵在梁世，父子俱事東朝，特見優遇。時承華好文，雅尚宮體，故採西漢以來詞人所著樂府豔詩，以備諷覽。』《四庫全書總目提要》認爲：『據此，則是書作於梁時，故簡文稱「皇太子」，元帝稱「湘東王」。今本題陳尚書左僕射太子少傅東海徐陵撰，殆後人之所追改。如劉勰《文心雕龍》本作於齊，而題「梁通事舍人」耳。其梁武帝書謚，書國號，邵陵王等并書名，亦出於追改也。』學者傅剛則『通過對各卷作家生卒年的排比，最終證明《玉臺新詠》衹能編成於中大通四年至大同元年之間』。

此本藏書印有：徽國經史之章（朱文正方，徐陵《集并序》）、季滄葦藏書印（朱文長方，卷一、後叙）。

季振宜，字詵兮，號滄葦，明末清初泰興著名藏書家、版本學家、校勘家。藏書樓名『静思堂』。其藏書多得自毛氏『汲古閣』藏書、錢謙益『絳雲樓』幸存藏書以及錢曾『述古堂』『也是園』藏書，故精本佳槧極多。編《季蒼葦書目》一卷，黄丕烈爲之序。所藏書後歸於昆山徐乾學『傳是樓』和清内府。

玉臺新詠集并序

陳尚書左僕射太子少傅東海徐陵孝穆撰

夫凌雲槩日由余之所未窺千門萬戶張衡之所曾賦周王璧臺之上漢帝金屋之中玉樹以珊瑚作枝珠簾以瑇瑁爲押其中有麗人焉其人也五陵豪族充選掖庭四姓良家馳名永巷亦有頴川新市河間觀津本號嬌娥曾名巧笑楚王宮裏無不推其細腰衛國佳人俱言訝其纖手閱詩敦禮豈東隣之自媒婉約風流異西施之被教弟兄協律生小學歌少長河陽由來能舞琵琶新曲無待石崇箜篌雜引非關曹植傳鼓瑟於楊家得吹簫於秦女至若寵聞長樂陳后知而不平畫出天僊閼氏覽而遙妒至如東隣巧笑來侍寢於更衣西子微顰得橫陳於甲帳陪遊馺娑騁纖腰於結風長樂鴛鴦奏新聲於度曲妝鳴蟬之薄鬢照墮馬之垂鬟反插金鈿橫抽寶樹南都石黛最發雙蛾北地燕支偏開兩靨亦有嶺上僊童分丸魏帝腰中寶鳳授曆軒轅金星將婺女爭華麝月與常娥競爽驚鸞冶袖時飄韓掾之香飛燕長裾宜結陳王之珮雖非圖畫入甘泉而不分言異神僊戲陽臺而無別眞可謂傾國傾城無對無雙者也加以天時開朗逸思雕華妙解文章尤工詩賦琉璃硯匣終日隨身翡翠筆牀無時

玉臺新詠卷第一

陳尚書左僕射太子少傅東海徐陵字孝穆撰

古詩八首　古樂府詩六首　枚乘雜詩九首

李延年歌詩一首并序　蘇武詩一首　辛延年羽林郎詩一首

班婕妤怨詩一首并序　宋子侯董嬌饒詩一首　漢時童謠歌一首

張衡同聲歌一首　秦嘉贈婦詩三首并序　秦嘉妻徐淑荅詩一首

蔡邕飲馬長城窟行一首　陳琳飲馬長城窟行一首　徐幹詩二首室思一首

情詩一首　繁欽定情詩一首　古詩無人名爲焦仲卿妻作并

古詩八首

上山采蘼蕪下山逢故夫長跪問故夫新人復何如新人雖言好未若故人姝顏色類相似手爪不相如新人從門入故人從閤去新人工織縑故人工織素織縑日一匹織素五丈餘將縑來比素新人不如故

凜凜歲云暮螻蛄多鳴悲涼風率已厲遊子寒無衣錦衾遺洛浦同袍與我違獨宿累長夜夢想見容輝良人惟古歡枉駕惠前綏願得常巧笑攜手同車歸既來不須臾又不處重闈諒無鷐風翼焉得凌風飛眄睞以適意引領遥相睎

玉臺新詠卷一　二

玉川子詩集

《玉川子詩集》五卷，唐盧仝撰。綫裝四册。版框高 19.7 釐米，廣 28.6 釐米。録詩一百零九首。盧仝（約 795~835），范陽人。隱少室山，號玉川子，徵諫議不起。《唐史》稱：『韓愈爲河南令，愛其詩，厚禮之。嘗作《月蝕詩》，以譏元和逆黨，愈稱其工。』後死於甘露之禍。愛茶成癖，著有《茶譜》，世人尊爲『茶仙』。又《郡齋讀書志》有《春秋摘微》四卷，『其解《經》不用《傳》，然旨意甚疏。韓愈謂「《春秋三傳》束高閣，獨抱遺經究終始」，蓋實録也』。

是書每半葉十行，行二十二字，雙行小字同。左右雙邊，黑口，單魚尾。版心刻書名、卷數及葉數。首録沈繹祖《玉川子詩注序》，次録孫之騄《玉川先生傳》，次目録，次正文。正文每卷卷首題『玉川子詩集卷第幾』，次行題『仁和孫之騄晴川注』。小題空一格刊刻，注文空兩格，詩文頂格。卷末題『玉川子詩集卷第幾終』。詩中雙行小字標明異文間或注音，或對詩中人名進行疏解。

此本爲清代刻本。卷五末有清代孫之騄《叙》介紹刊刻始末并辨析《玉川集》版本源流：『玉川先生去今蓋八百餘年矣，余欲考其行業，而事多湮落。爲搜採舊聞補綴先生傳於卷首，以垂方來。今復誌其篇目於卷後焉。《唐書·藝文志》《玉川子》詩一卷，永嘉陳氏曰：「《玉川集》凡三卷……其第三卷號集外詩，凡十首。川本止前二卷。」余見正德間所刻先生詩集亦止二卷，……共八十五篇，殆川本也。今《全唐詩》本作三卷……凡二十二篇皆明本所無。視陳氏稱集外詩多十二篇，豈宋本固有與？抑後人以他作摻入集中與？余注先生詩，惟恐網羅之逸遺也。

又增《櫛銘》一篇，《月詩》一篇，通計百有九篇，分注爲五卷。』《玉川子詩》（《盧仝詩》）《新唐書》《崇文總目》《郡齋讀書志》《宋史》均著録爲一卷，《直齋書録解題》著録《盧仝集》三卷。《四庫全書總目提要》載《玉川子詩集注》五卷（浙江巡撫採進本），題『國朝孫之騄撰』，當爲此本。又辯析其不當之處：『之騄又增入《櫛銘》一篇、《月詩》一篇，編爲五卷。然《月詩》見《錦繡萬花谷》，其詞不類。《櫛銘》則僅與《梳銘》異數字，乃一詩而訛爲兩題，不當重入。且彭叔夏《文苑英華辨證》據羅袞《四銘小序》，知《櫛銘》乃袞所作，《唐文粹》誤題爲盧仝。之騄均未能訂正，殊考之未詳也。仝詩故爲粗獷，非風雅之正聲。之騄嗜奇，故特注之。卷首《月蝕》一篇，考據元和庚寅時事，箋注最詳。然「後幅天若不肯信，試喚皋陶鬼一問，而今三臺文昌宮」云云，應以「問」字爲句。之騄乃以「而今」字爲句，殊爲割裂。其他注亦多支蔓。如《客答蛺蝶》一首，引羅隱詩以釋黃雀字，不顧其人之在仝後，亦未免失檢矣。』

此本藏書印有：鋤經樓藏書印（朱文正方，沈繹祖《序》）、趙元方藏書（朱文方形，卷一）。

玉川子詩註序

錢唐沈繹祖晴川拜撰

唐制科舉奔走天下士士至寫所爲文投公卿間與爲之延譽取功名浸以成俗賢如昌黎韓先生猶三上宰相書他可知已處士盧仝先生則否隱居洛陽自號玉川子閉戶不出昌黎令河南特重其爲人與之交一語及酉守河南尹輙掩耳同時洛水南北兩山人及少室山人皆先後應徵辟先生終勿爲起傳稱文宗朝甘露之變先生亦與于難蓋宰相王涯閙亂倉皇走長安茶肆先生適在焉邏者收涯并害先生豈涯爲昌黎同榜士邂逅識先生遂莫

玉川子詩集卷二

仁和孫之騄晴川註

哭玉碑子

山有洞左顛拾得玉碑子其長一周尺其濶一藥七顏色九秋天稜角四面起輕敲吐寒流清悲動神鬼稽首置手中只似一片水至文反無文上帝應有以寻疑仙石靈願以仙人比心期香湯洗歸送籙堂裏願奈窮相驢行動如跛鼈十里五里行百蹶復千蹶顛子不少天玉碑中路折橫文尋龜兆直理任瓦裂劈竹不可合破環永離別向人如有情似痛滴無血勘闘平地上鎛圻多齧鈌百見百傷

李文公集

《李文公集》十八卷，唐李翺撰。線裝二册。原版版框高 21.6 釐米，廣 26 釐米。补版版框高 20.2 釐米，廣 27.1 釐米。

李翺，字習之，唐隴西成紀（今甘肅秦安東）人。唐德宗貞元年間進士，歷任國子監博士、史館修撰、考功員外郎、禮部郎中、中書舍人、桂州刺史、山南東道節度使等職。從韓愈學古文，推進古文運動，崇儒排佛。

是書《李文公集序》題『成化乙未春二月之吉，賜進士出身通奉大夫廣西等處承宣布政使司左布政使玉融何宜序』，卷内多有補刻，卷六末題『歲乙酉洛武府通判舒瑞補』。據此可知此本爲明成化十一年（1475）馮孜刻嘉靖四年（1525）舒瑞重修本。

是書首録何宜《李文公集序》，次目録葉，首題『唐李文公集，總一十八卷凡一百三首』，次行低兩格題『唐山南東道節度使檢校户部尚書』，第三行題『李翺字習之』，次正文。每半葉十行，行二十字，雙行小字同。補版每半葉十行，行二十一字。四周雙邊，細黑口，單魚尾。魚尾上方刻卷數，下方刻葉數。每卷卷首題『李文卷第幾』，文體空一格，小題空兩格或三格，正文頂格刊刻。卷末題『（李文）卷第幾』。

此本的藏書印有：何宜《序》葉：香圃（朱文正方）、芝榮（白文正方）、無悔藏書（朱文正方）；目録葉：北京市文物管理處藏書（朱文長方）；卷一：幼文（朱文正方）、彪柔之章（朱文正方）、茂苑香生蔣鳳藻秦漢十印齋秘篋圖書（白文正方）、曾在趙元方家（朱文長方）；卷二：茂苑香生蔣鳳藻秦漢十印齋秘篋圖書（白文正方）。

此書爲蕭山陸芝榮所藏。《清稗類鈔》「陸香圃藏書於寓賞樓」條載：「蕭山陸香圃，名芝榮。居寓賞樓，多藏書，鈔影善本之富，嘉慶朝爲第一。蓋不惜工貲，四方書賈，雲集輻輳，故插架初印之元、明板本，所藏乃遂多。」與同邑藏書家王宗炎「十萬卷樓」、陳春「湖海樓」，并稱蕭山三大藏書樓。刻有《爾雅新義》《佚存叢書》等書，抄本有《乾道臨安志》《淳祐臨安志》《爾雅新義》《陸宣公集》等書，世稱「三間草堂抄本」，以精審稱道。其影抄善本之富，在嘉慶、道光二朝號稱第一。藏書印有「忠宣第三十七世孫」「香圃所藏」「三間草堂」等多枚。

蔣鳳藻，字香生，一作薌生、香山。吴縣（今屬江蘇蘇州）人。清著名藏書家。雅好文翰，嗜書成癖，與周星貽結爲密友，遂傳其目録之學。藏書樓有「心矩齋」「書抄閣」「鐵華館」「秦漢十印齋」等。編撰有《秦漢十印齋藏書目》四卷，著録有千餘種圖書，多爲宋元本抄本、稿本；還有《鐵華館藏集部善本書目》一卷。刻有《鐵華館叢書》《鐵華館仿宋本六種》《心矩齋叢書》等。藏書印有「茂苑香生蔣鳳藻秦漢十印齋秘篋圖書」朱文方印、「蔣香生秦漢十印齋收藏記」「香生心賞」「茂苑香生」「印信長壽」「蔣香生鑒賞」等。其藏書後部分歸入上海「涵芬樓」，部分歸於上海書店翁壽祺。

李文公集序

郃武郡守西蜀馮君師虞以唐隴西李文公所爲文一十八卷凡一百三首命工鋟梓以傳於天下後世乃以屬余序於乎文章之有補於治道也尚矣爲文無補於治道雖工何益然文不

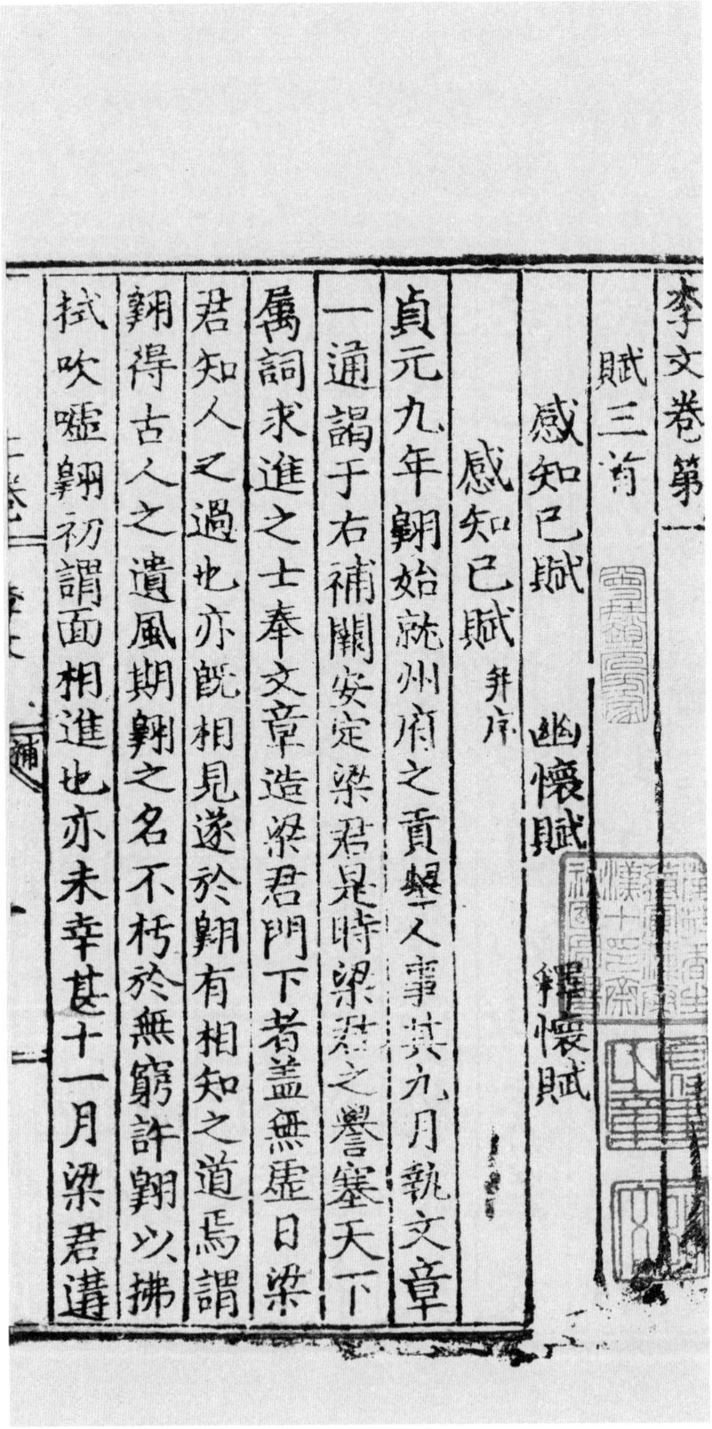

李文卷第一

賦三首

感知己賦　幽懷賦　釋懷賦

感知己賦 并序

貞元九年翱始就州府之貢舉人事其九月執文章一通謁于右補闕安定梁君是時梁君之譽塞天下屬詞求進之士奉文章造梁君門下者蓋無虛日梁君知人之過也亦旣相見遂於翱有相知之道焉謂翱得古人之遺風期翱之名不朽於無窮許翱以拂拭吹噓翱初謂面相進也亦未幸甚十一月梁君遘

孟東野詩集

《孟東野詩集》十卷，唐孟郊撰。綫裝二册。版框高18釐米，廣25.6釐米。卷中又按題材分爲樂府、感興、詠懷、遊適、居處、行役、紀贈、懷寄、酬答、送别、詠物、雜題、哀傷、聯句、讚、書十六類。孟郊（751~814），字東野，湖州武康（今浙江德清縣）人。與賈島齊名，并稱『郊寒島瘦』。張籍私謚爲『貞曜先生』。

此本第一册封面題『《孟東野集》，明宏治本』，第二册題『明弘治刻十卷本，無悔』，可知爲趙鈁批語。首録《序》一則，題爲『宏治乙未春正月望日後學汝南强晟識』，又據目録考訂可知爲明弘治十二年（1499）楊一清、于睿刻本。

此本每半葉十行，行十八字，雙行小字同，四周雙邊。黑口，雙魚尾。上魚尾下方刻『孟集卷幾』，下魚尾下方刻葉數。正文每卷首及卷尾録『孟東野詩集卷第幾』，次行空兩格録『山南西道節度參謀試大理評事平昌孟郊』。正文十六類名空一格，小題空三格，詩文頂格刊刻。

是書末録宋敏求《跋》，考訂版本源流甚詳：『東野詩世傳汴吴鏤本五卷一百二十四篇，周安惠本十卷三百三十一篇，别本五卷三百四十篇。蜀人蹇濬用退之贈郊句纂《咸池集》二卷一百八十篇。自餘不爲編秩雜録之，家家自異。今總括遺逸，擿去重複若體製不類者，得五百一十一篇，釐别樂府、感興、詠懷、遊適、居處、行役、紀贈、懷寄、酬答、送别、詠物、雜題、哀傷、聯句十四種，又以讚、書二系于後，合十卷，嗣有所得當。次第益諸十聯句，見《昌黎集》，章章於時此不著云。集賢校理常山宋敏求題。』

此書藏書印有：□卿（朱文葫蘆形，强晟《序》葉、卷六）、唐之□人（朱文不規則形，强晟《序》葉、卷六）、高嘉□印（白文正方）、蔚堂（朱文正方，强晟《序》葉、卷六）、李書勳印（白文正方，强晟《序》葉、宋敏求跋葉）、人生一樂（白文正方，卷六）、趙舫（白文正方，目録葉）、曾在趙元方家（朱文長方，目録葉）、北京市文物管理處藏書（朱文長方，目録葉）、趙元方考藏善本書籍（白文正方，卷一、宋敏求跋）。

孟東野以詩鳴于中唐之間
極為昌黎韓子所稱重至如
聯句諸作與韓公角奇爭雋
不肯相下可謂雄矣先輩且
有東野瀾色退之之説雖未
必然要其所成就終非翱湜
所可班顱其辭意傷於晦澁

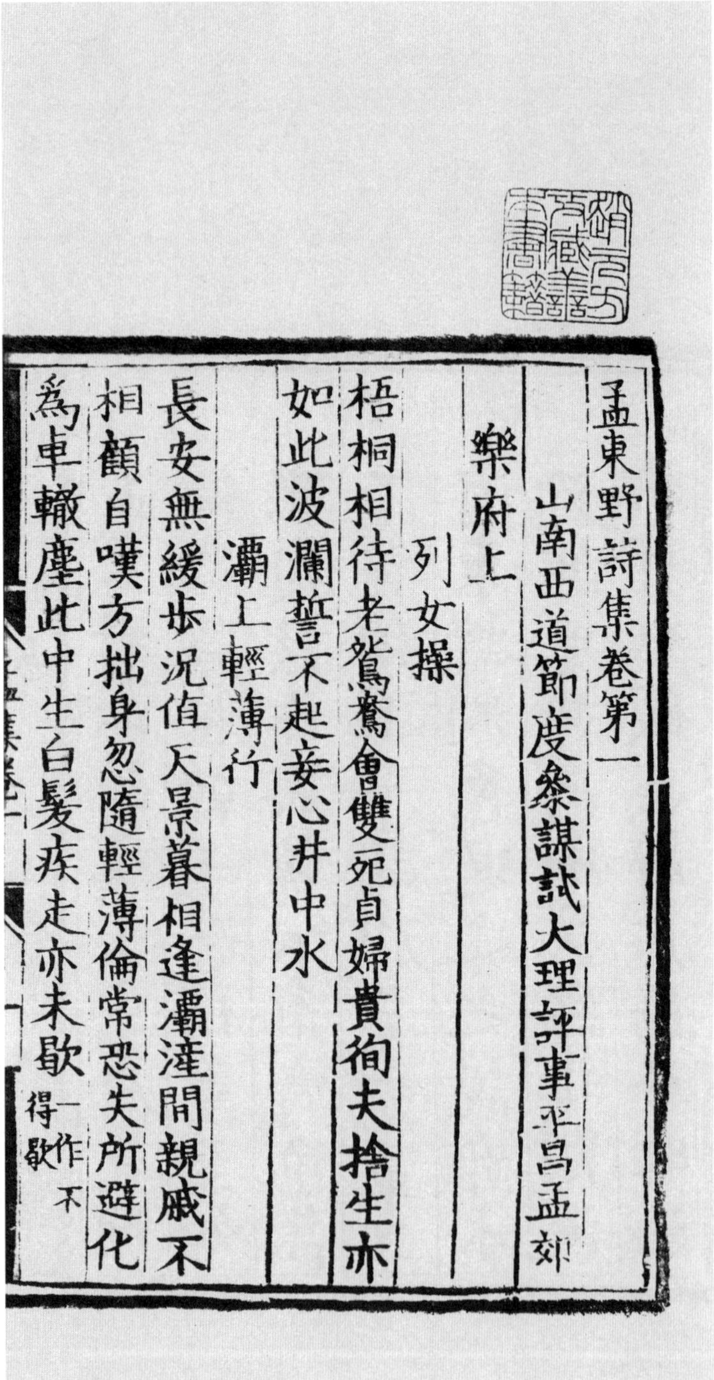
孟東野詩集卷第一
山南西道節度參謀試大理評事平昌孟郊
樂府上
列女操
梧桐相待老鴛鴦會雙死貞婦貴徇夫捨生亦
如此波瀾誓不起妾心井中水
灞上輕薄行
長安無緩步況值天景暮相逢灞滻間親戚不
相顧自嘆方拙身忽隨輕薄倫常恐失所避化
為車轍塵此中生白髮疾走亦未歇一作不得歇

中興間氣集

《中興間氣集》二卷，唐高仲武編。線裝二册。版框高20.1釐米，廣30.2釐米。

高仲武，自稱渤海人，然唐人多署郡望，未知確貫何地也。此本無序跋，疑爲明刊本。清董誥《全唐文》録高仲武《大唐中興間氣集序》叙其編纂緣起：『《英華》失於浮游，《玉臺》陷於淫靡，《珠英》但紀朝士，《丹陽》止録吴人。此由曲學專門，何暇兼包衆善？』蓋因不滿于其他詩集之『未至正』，欲編一集以『兼包衆善』。又論及收書範圍及數量：『某不揆菲陋，輒罄謏聞，博訪詞林，採察謡俗。起自至德元年首，終於大曆末年，作者數千，選者二十六人。五言詩一百四十首，七言詩附之，列爲兩卷。略叙品匯人倫，命曰《中興間氣集》。』故是書爲唐人自選一代之集，『以天寶叛涣，述作中廢；至德中興，風雅復振，故以名』。

是書每半葉九行，行十五字，四周單邊，白口，單魚尾。魚尾下方刻『中興間氣集上（下）』及葉數。首録《中興間氣集目録》，次行題『渤海高仲武集』。卷上録錢起、張衆、于良史、鄭丹、李希仲、李嘉祐、章八元、戴叔倫、皇甫冉、杜誦、朱灣、韓翃、蘇涣十三人詩六十三首，卷下録郎士元、崔峒、張繼、劉長卿、李季蘭、竇參、道人靈一、姚倫、皇甫曾、孟雲卿、劉灣、張南史十二人詩六十四首，共計收録十五人詩一百二十七首。次録《中興間氣集姓氏》，比目録多出『鄭常』一人，詩數共計多十首。然正文亦無『鄭常三首』之内容，蓋與目録同。正文每卷卷首録『中興間氣集上（下）』，次行題『渤海高仲武集』，卷末題『中興間氣集卷之上（下）終』。作者空一格，小題空三格，詩作正文頂格刊刻。詩人之下，各有小傳，記其生平、詩風及時人評價之類。如錢起之後，首記其詩風

『體格新奇，理致清贍』『芟齊宋之浮游，削梁陳之靡嫚』，又拈出其警句進行評析，如『長樂鐘聲花外盡，龍池柳色雨中神』之類爲『特出意表，標雅古今』。傳中間有評價其地位者，如『迥然獨立，莫之與群』『前有沈宋，後有錢郎』之類。又如崔峒，評其詩『文采炳然，意思方雅』。文字多寡不一，内容多樣，對了解作者生平行事、詩風影響有重要參考價值。然評價亦有不當之處，如『王世懋《藝圃擷餘》摘郎士元「暮蟬不可聽，落葉豈堪聞」句，謂聽聞合掌，而仲武稱其工於發端』之類。是書卷數，《自序》爲兩卷，《崇文總目》《新唐書·藝文志》《直齋書録解題》亦爲兩卷，《郡齋讀書志》《文獻通考》爲三卷，又《四庫全書總目》載是書兩卷，云：『末有元祐戊辰（三年，1088）曾子泓《跋》，稱獨遺鄭常一人，逸詩八首』，《直齋書録解題》謂『集至德以後終於大曆錢起等二十六人詩一百三十二首』，則是書在南宋時已殘闕變亂。而此本詩數與《四庫》所載詩數不合，則可知又有變易。

是書藏書印有：曾在趙元方家（《目録》葉，朱文長方）、鎮洋畢沅（《目録》葉，白文正方）、趙鈁珍藏（卷上，白文正方）、北京市文物管理處藏書（卷上，朱文長方）、曾在趙元方家（卷下，朱文長方）。

畢沅，字纕蘅、秋帆，號靈岩山人。江蘇鎮洋（今江蘇太倉）人。乾隆二十五年狀元及第。畢沅於經史小學、金石地理無所不通，著有《續資治通鑒》《傳經表》《經典辨正》《靈岩山人詩文集》等。藏書甚富，藏書處有『經訓堂』『靈岩山館』，編撰有《經訓堂書目》，刊刻有《經訓堂叢書》。

中興間氣集目録

渤海高仲武集

卷之上

錢起

奉送劉相公催轉運

裴廸書齋翫月之作

廣德初鑾駕出關後愁望之作

太子李舍人城中别業與文士

逃暑

中興間氣集卷上

渤海高仲武集

錢起

員外詩體格新奇理致清贍越從登第挺冠詞林文宗右丞許以高格右丞没後員外爲雄芟齊宋之浮游削梁陳之靡嫚迥然獨立莫之與羣且如鳥道挂踈雨人家殘夕陽又牛羊上山小烟火隔林踈

忠愍公詩集

《忠愍公詩集》三卷，宋寇準撰。線裝3册，版框高17釐米，廣24.5釐米。

寇準，字平仲，一説字平叔，華州下邽人。歷任殿中丞、三司度支推官、尚書虞部郎中、樞密院直學士。仁宗時，贈中書令，謚忠愍，嘗封萊國公，故稱「忠愍公」。有《巴東集》，收知巴東縣時自編詩百餘篇。又有《寇忠愍集》，歷代目録皆著録爲三卷。關於寇準詩風，胡仔《漁隱叢話》謂：「寇準詩含思凄婉，富於音情，殊不類其爲人。」明楊慎《升庵詩話》謂其「妙處不減唐人」。《四庫全書總目提要》亦謂：「準以風節著於時，其詩乃含思凄婉，綽有晚唐之致。然骨韻特高，終非凡豔所可比。」

是書扉葉有趙鈁批語説明版刻及校勘情况：「《忠愍詩》宋凡兩刻，而著録無聞。明刻中以此本爲最前，詳其序跋，知王氏録藏于弘治庚申，刻成于嘉靖己未。莫郘亭以弘治刻本目之，或未見後跋也。余先藏一鈔本，又得此本，以其爲刻本之祖也。今又得謝在杭小草齋鈔本，乃取以參校。此本卷中佚詩二十六首，誤刻于卷下。又詩七首，鈔本有而此本無，知其來源不同矣。鈔本時有誤字、闕字，皆賴此本補足。其兩歧者，亦以此本爲善。是此本雖有佚詩，固仍可稱善本也。壬午五月八日校竟跋。元方。」是書首録弘治庚申（十三年，1500）王承裕《録藏宋萊國忠愍寇公詩集引》，書末有嘉靖乙未（十四年，1535）王承裕記，如趙鈁所論，是書刻成於嘉靖十四年（1535）。

此本首録王承裕《引》，次録孫抃《萊國寇忠愍公旌忠之碑》，次録宣和五年（1123）王次翁《序》。次又録范雍《忠愍公詩序》，按《直齋書録解題》載「《忠愍公集》三卷」，謂「河陽守范雍得寇公詩二百首，爲三卷，今刻板道州』。則此爲道州本原序。

是書每半葉八行，行十八字，雙行小字同。白口，左右雙邊。版心記書名及葉數。每卷卷首及卷尾刻『忠愍公詩集卷上（中、下）』，卷上次行以後刻『開府儀同三司太子太傅贈太傅中書令上柱國萊國公寇』，卷中及卷下次行接正文。小題空兩格，正文頂格刊刻。間或有趙鈁朱批説明校補情況，王承裕《引》葉有『校謝在杭小草齋鈔本』，卷中有『以上闕詩七首，鈔本有，令補録卷末』，卷中末有趙鈁依鈔本補闕詩七首。卷下有『此下二十六首應移卷中《寄漳川處士》下』，卷下末有『壬午五月初八日午後校畢。時久不雨，鬱蒸彌甚。坐無悔齋中，校此却暑』。

此書有多枚藏書印章：《引》：『名擢之印』（白文正方）、『趙氏元方』（朱文正方）；《碑》：『簡齋』（白文正方）、『北京市文物管理處藏書』（朱文長方）；《序》：『人淡如菊』（白文正方）；卷上：『惜陰』（朱文圓形）、『曾在趙元方家』（朱文長方）；卷中：『曾在趙元方家』（朱文長方）；卷下：『無悔齋藏』（朱文長方）、『元方手校』（朱文長方）。

忠愍詩宋元兩刻其而著録無聞明刻中以此本為最前詳其
序跋知王氏録藏于宏治庚申刻成于嘉靖乙未莫郘亭以
弘治刻本目之或未見後跋也余先藏一鈔本又得此本以其
為刻本々祖也今又得謝在杭小草齋鈔本乃取以參校
此本卷中佚詩二十六首誤刻于卷下又詩七首鈔本有
而此本無知其来源不同矣鈔本時有誤字闕字皆賴
此本補足其兩歧者亦以此本為善是此本雖有佚詩
固仍可稱善本也　壬午五月八日校竟跋元方

忠愍公詩集卷上

開府儀同三司太子太傅贈太傅中書令

上柱國萊國公寇準

奉和

御製中秋翫月歌

戒井銅龍漏水平玉輪初滿物華清光連南極
星輝正影泛中天帝宇明風來蘋末披輕霧香
濕蘭叢浥零露絳河橫度縈雲章靈鵲群飛遶
宮樹法久照兮慶昌時樂芳宴兮忘疲敷睿文

斜川集

《斜川集》六卷附録《遺事》及《訂誤》，宋蘇過撰。線裝4册。版框高18.4釐米，廣26.4釐米。蘇過，字叔黨，東坡季子也，世號小坡。家於潁昌，自號斜川居士。坐黨家不得仕進，終於通判中山府。

是本首録《校刻斜川集序》，題「内閣中書舍人趙懷玉譔」，叙述《斜川集》之流傳并辨僞：「蘇氏《斜川集》，南宋以後流傳已寡。康熙間有詔索之未得，故《四朝詩》中衹録一首以存其真。自餘贋本大率因謝幼槃、劉改之二人名與叔黨相類，竄其集以欺世。東南士大夫家置一編而不覺。近日蜀中有新栞《斜川集》，亦龍洲道人作也。乾隆辛丑冬集大興翁學士蘇齋脩東坡先生生日之祀，學士手編示余曰：『此叔栞《斜川集》，從《永樂大典》録出，可以證諸贋本之非。』……是集著録於《宋史·藝文志》爲十卷，陳氏《書録解題》、馬氏《通考》卷數皆同。兹從《大典》所録殘佚之餘，厘釐六卷。乾隆丁未四月付梓，中間作輟涉冬而後蕆事商榷讎勘以文一人而已。乾隆五十三年歲在戊申春正月。」按《四庫全書總目提要》載有《斜川集》十卷，爲江蘇蔣曾瑩家藏本，并有按語曰：「劉過《龍洲集》中所載之詩，與此盡同。蓋作僞者因二人同名爲過，而抄出冒題爲《斜川集》，刊以漁利耳。《龍洲集》已别著録，此本本不足存。以世傳刊本、抄本不一而足，且卷數與《文獻通考》所載相合，恐其熒聽，故存其目，而辯之焉。」故《四庫》所收《斜川集》與趙懷玉《序》中所謂「東南士大夫家」所置同，皆爲贋本。而趙懷玉校刻之六卷本爲從《永樂大典》中輯出之真《斜川集》。又《書目答問》載有「《斜川集》六卷，《附録》上下二卷。宋蘇過。四庫館輯。趙懷玉校刻本」，孫殿起《販書偶記》載「懷玉刊有《韓詩外傳》《毘陵志》《獨孤及昆陵集》《斜川集》」，可知此本爲清乾隆五十三年（1788）趙懷玉校刻本。

是本首録趙懷玉《序》，次録吴長元、鮑廷博題辭，次目録，次正文。是書每半葉十行，行二十一字，雙行小字同。左右雙邊，白口，單魚尾。魚尾下方刻書名卷數及葉數。正文每卷首題『斜川集卷第幾』，次行題『眉山蘇過叔黨撰』，卷末題『斜川集卷第幾終』。小題空兩格，詩文頂格刊刻。小題之下間或有雙行小字，爲編者趙懷玉按語考訂蘇過作品年月及創作緣由等。

此本藏書印趙懷玉《序》葉有『繆荃孫藏』（朱文長方）、『趙氏元方』（朱文正方）、『雲自在龕』（朱文正方）。卷一有『北京市文物管理處藏書』（朱文長方）。

繆荃孫，字炎之，又字筱珊，晚號藝風老人，江陰人。中國近代藏書家、校勘家、金石家，爲中國近代圖書館的鼻祖。藏書逾十萬卷，藏書處有『藝風堂』『聯珠樓』『對雨樓』『雲自在龕』等。編有《藝風堂藏書記緣起》《藝風堂藏書記》等藏書目録和題跋，匯刻有《雲自在龕叢書》《對雨樓叢書》《藕香零拾》等。

校刻斜川集序

內閣中書舍人趙懷玉譔

蘇氏斜川集南宋以後流傳已寡康熙閒有
詔索之未得故四朝詩中祇錄一首以存其眞自餘贋
本大率因謝幼槃劉改之二人名與叔黨相類竄其集
以欺世東南士大夫家置一編而不覺近日蜀中有新
栞斜川集亦龍洲道人作也乾隆辛丑冬集大興翁學
士蘇齋脩東坡先生生日之祀學士手編示余曰此叔
黨斜川集從永樂大典錄出可以證諸贋本之非乃取
集中大人生日詩邀同人和焉會請急南下未及假鈔

題辭

校錄斜川集寄鮑以文　仁和　吳長元麗煌

蜑煙蠻雨獨相從筆下波瀾嗣乃公人誦高名瓊海外天酉遺槀玉函中鈔自永樂大典清游乍識匡廬面舊時行世皆贋本晚景還傾靖節風叔黨晚景以淵明自況寄語隱湖毛處士蘇門會策汗青功

吳麗煌寄示斜川集志喜　歙縣　鮑廷博以文

湖陰水竹繼高蹤海上文章喜亢宗蘇氏昔元推怒虎蘇氏三虎季虎尤怒當時語也葉公今始識眞龍颶風一賦猶堪補颶風賦從宋文鑑補錄小圃三詩那更逢惠州小圃五詠僅存二首欣賞不忘知

西陂類稿

《西陂類稿》五十卷，清宋犖撰。線裝16册。版框高18.8釐米，廣28.6釐米。

宋犖，字牧仲，河南商丘人。歷任黄州通判、理藩院院判、刑部員外郎、山東按察使、江蘇布政使。卒於康熙六十一年（1722），賜祭葬，謚清恪。雖以任子入官，不由科目，而淹通典籍，練習掌故，詩文亦爲當代所推，名亞於新城王士禎。其詩縱横奔放，刻意生新，源淵出於蘇軾，雖不及士禎之超逸，而清剛雋上，亦拔戟自成一隊。其序、記、奏議等作，亦皆流暢條達，有眉山軌度。著有《西陂奏疏》《西陂類稿》《漫堂墨品》《怪石贊》《筠廊偶筆》《二筆》《綿津山人詩集》《楓香詞》《滄浪小志》等。

是書首録陳廷敬《序》叙述編纂情况：『吾友商丘先生所爲詠歌風雅之文，曰某稿某集者，數之凡三十有四，而書奏序記辭令之文稱是焉。於是綜其條貫，列其叙位，次其時月，别其遊處，臚其嚮所名者，匯爲全編，名《西陂類稿》。西陂者，舊廬也。……康熙五十年（1711）辛卯三月澤州陳廷敬撰。』次録舊刻詩詞及新編文稿各序，計有王鐸及侯方域《古竹圃稿序》、張自烈《嘉禾堂稿序》、吴偉業《將母樓稿序》、王士禎《回中集序》、汪琬《綿津山人集序》、朱彝尊《迎鑾集序》及《楓香詞序》、陳維崧《筠廊偶筆序》等二十二篇。次目録，首有吴江門人周龍藻、侄之舉編次，末有侄孫懷金、常熟門人毛扆、外孫高岑校梓，可知此書編次、校勘及版刻之人，亦可知此本爲康熙五十至五十二年（1711~1713）毛扆刻本。

是書每半葉十行，行十九字，雙行小字同。四周單邊，白口，單魚尾。魚尾上方刻書名，下方刻卷數及葉數。

正文每卷首題『西陂類稿卷幾』，次行題『商丘宋犖牧仲』。卷末題『西陂類稿卷幾終，某某校字』。舊刻詩詞及新編文稿名空一格，小題空兩格，正文頂格刊刻。

是書録詩二十二卷、詞一卷、雜文八卷、奏疏六卷。其詩集爲《古竹圃稿》《嘉禾堂稿》《柳湖草》《將母樓稿》《古竹圃續稿》《都官草》《雙江倡和集》《回中集》《西山倡和詩》《續都官草》《海上雜詩》《漫堂草》《漫堂倡和詩》《嘯雪集》《廬山詩》《述鹿軒詩》《滄浪亭詩》《迎鑾集》《紅橋集》《迎鑾二集》《清德堂詩》《迎鑾三集》《藤陰酬倡集》《樂春園詩》《聯句集》，凡二十有五。詞集爲《楓香詞》。此三十九卷與《四庫全書總目提要》所載同，『初本各自爲集。晚年致仕居西陂，乃手自訂定，匯爲兹帙。惟初刻《綿津山人詩集》，删除不載。蓋以早年所作，格調稍殊，故别爲一編，不欲使之相混也』。多出十一卷者，爲《迎鑾日紀》、《二紀》、《三紀》（卷四十至四十二）、《筠廊偶筆》、《二筆》（卷四十三至四十六）及《漫堂年譜》（卷四十七至五十）。

是書有藏書印數枚：孫孟廷收藏書畫印（封面，朱文長方）、夢嵩收藏圖書（扉葉、卷一，朱文長方）、臣梃秘藏國朝名集之印（《序》，朱文長方）、孫梃寶藏（卷一，白文正方）。

吾友商丘先生所爲詠歌風雅之文曰某稿某集者數之凡三十有四而書奏序記辭令之文稱是焉於是綜其條貫列其敘位次其時月別其游處臚其嚮所名者匯爲全編名西陂類稿西陂者舊廬也是時先生居西陂以書來謂予曰吾愛子之爲文幸序而述之予發書慚汗歷旬涉月坐卧誦之行道則戒僮御持載以從蓋予之能卒業於先生之文大抵在車馬馳逐徒侶雜沓之時而習復呻吟忘其罷憊廢亂而有息焉游焉之樂者此心則在西陂煙水之間也山水之樂亦恆人之常情

舊刻詩詞及新編文稿各序

古竹圃稿序

孟津王鐸

公卿大夫之子弟蹋鞠擊劍按瑟飲燕而已商丘牧仲獨不相從何也其迂踈不近人情耶其握算持籌而求厚實耶若然則牧仲卽杜門擁膝耗日磨月亦何以異於蹋鞠擊劍按瑟飲燕輩哉蓋牧仲學書學詩學經生應制義而詩受鑄於唐音調清新範我馳驅游意乎無窮之次方頷頷焉奚暇蹋鞠擊劍按瑟飲燕以及握算持籌爲耶迹而視之下簾靜居卽謂之迂踈不近情也不亦宜歟牧

金仁山文集

《金仁山文集》四卷，附録一卷，南宋金履祥撰。線裝四册。版框高 17.5 釐米，廣 24.4 釐米。録詩八十四首，文四十五篇。

金履祥，字吉父，號次農，婺之蘭溪人。其先本劉氏，後避吳越錢肅王嫌名，更爲金氏。當宋建炎、紹興間，以孝行著稱。幼而敏睿，及長，凡天文、地形、禮樂、田乘、兵謀、陰陽、律曆，無所不學。及壯，師事同郡王柏，又從王柏登何基之門，宗朱熹之學，造詣益精。宋德祐初，以迪功郎、史館編校起之，辭弗就。後居仁山之下，學者因稱仁山先生。大德中卒。元統初，里人吳師道爲國子博士，移書學官，祠履祥于鄉學。至正中，賜謚文安。《元史》有傳。柳貫《故宋迪功郎史館編校仁山先生金公行狀》言其生平事迹甚詳。《四庫全書總目提要》云其詩『均不入格』，『至其雜文，如《百里千乘説》《深衣小傳》《中國山水總説》《次農説》諸篇，則具有根柢。其餘亦醇潔有法，不失爲儒者之言。蓋履祥于經史之學研究頗深，故其言有物，終與空談性命者異也』。

是書首録雍正乙巳孟夏朔日後學金弘勳『仁山金先生文集序』，自叙『得正德間寫本，旋又得萬曆時刻本，合校之』。次録正德戊辰歲二月朔旦後學南山潘府敬原序、萬曆戊戌歲冬日後學徐用檢原序、萬曆己亥歲夏日後學趙崇善原序。次録『仁山先生像』并宋濂題贊。次録『仁山自贊』。次録『元史仁山金先生傳』。

是書半葉九行，行十九字，注文雙行小字，左右雙欄，白口，單魚尾。牌記分題『桐溪金元功編輯』『金仁山先生文集』『春暉堂藏版』。版心題『仁山文集卷之幾』，下方刻葉數。正文每卷卷首頂格題『仁山金先生文集卷之幾』，文體名稱空一格，正文小題空三格，正文頂格。卷末題『仁山金先生文集卷之幾』。正文按文體排列，卷一收四言詩三首，五言古詩九首，七言古詩三首，五言律詩六首，七言律詩三十首。卷二收五言絶句一首，七言絶句三十二首。操一篇，辭一篇，箴一篇，銘五篇，贊二篇，傳二篇。卷三收説三篇，議二篇，講義二篇，序五篇。卷四收祭文十六篇，行狀一篇，題跋五篇。第一册封面有趙鈁朱筆批語云：『此春暉堂刻本初印精好，又曾爲越縵先生所藏，彌足珍視。元方。』第四册封面朱筆批云：『丙申之夏書友王晉青爲我收之。元鈁題。』末葉朱批云：『丙申十月二日晴窗弄筆遲客不至。』

是書藏書印有：北京市文物管理處藏書（朱文長方，金弘勳《序》葉）、慈谿李氏藏書（朱文正方，金弘勳《序》葉）。

李慶城（1919~?），字連璇，號青塵，浙江寧波人。求學於無錫國學專科學校，歷任中學教員、文物保管員、軍事醫學科學院秘書、上海圖書館副研究館員。曾參編《中國叢書綜録》。慶城自幼出繼於從叔母爲子，母方矩嫻於文史，性好藏書，後請塾師蔡芝卿對藏書加以整理編目，蔡氏以所藏爲母氏所得，故名其樓曰『萱蔭樓』，所藏多鈐『慈谿李氏藏書』印。

桐溪金元功編輯

金仁山先生文集

春暉堂藏板

仁山金先生文集序

勉齋黄文肅公以朱子之傳授之何王金許四先生史稱爲朱子世適顔何王二先生已自德祐初竝謚贈當宋元之交祇仁山金先生久謝徵書屏居金華山中得白雲許先生相與遞衍其傳是何王早逝白雲晚出其不至中斷者尤以仁山先生也先生先事魯齋因魯齋以事北山當時有謂北山似伊和靖魯齋似謝上蔡先生親得而竝充之亦善論人者矣先生多經史撰述極留心於天地

詩話總龜前集

《詩話總龜前集》四十八卷、《後集》五十卷，宋阮閱撰。線裝10册。版框高16.8釐米，廣26.8釐米。

卷内又按照内容題材分爲聖製、忠義、諷喻、達理、知遇、稱賞、評論、詼諧、樂府、神仙等四十五類。阮閱，字閎休，廬州舒城人。趙希弁《讀書附志》稱其建炎初以中大夫知袁州。撰有《郴江百詠》《詩話總龜》等，又有《松菊集》，今佚不傳。

是書首録李易《詩話總龜叙》，謂『淮伯王月窗嗜古學文，其志慕東平河間，而欲相揖遜于異代者，宫暇乃取阮子《詩話總龜》，延庠生程珖校讎之，命工刊布』。次録嘉靖甲辰（二十三年，1544）張嘉秀《詩話總龜序》，謂『我國家宗室之盛，皇上風化之隆，賢士夫裁正之略，并可仰見刻之宜。書凡九十八卷。月窗爲我高皇六世孫……』則可知此次刊刻由明代宗室月窗道人主其事，程珖負責校讎，嘉靖二十三年（1544）已開始雕印。書末又有校讎者程珖《詩話總龜跋》題『時嘉靖歲次乙巳（二十四年，1545）春三月』『月窗殿下樂善嗜古，見而珍愛，亟欲與四方風雅之士共之。延珖校讎訛舛，芟剔重冗，而壽諸梓焉』。可知是書爲明嘉靖二十四年（1545）月窗道人刻本。

是書分《前集》《後集》，凡九十八卷。前録《集一百家詩話總目》，包括《陶岳零陵總記》《畢田湘中故事》《韓魏公别録》《明皇雜記》《大業拾遺記》《太平廣記》《幽怪録》《冷齋夜話》等百家詩話，次録《增修詩話總龜分門目録》，次録《百家詩話總龜後集門類》及《百家詩話總龜後集目録》。胡仔《苕溪漁隱叢話》序曰：『舒城阮閱，昔爲郴江守，嘗編《詩總》，頗爲詳備。蓋因《古今詩話》，附以諸家小説，分門增廣。獨元祐以來諸公詩話不載焉。

考編此《詩總》，乃宣和癸卯，是時元祐文章，禁而弗用，故阮因以略之。』《四庫全書總目提要》據此認爲：『則此書本名《詩總》，其改今名，不知出誰手也。此本（按：兩江總督採進本）爲明宗室月窗道人所刊，并改其名爲阮一閲，尤爲疏舛。其書《前集》分四十五門，所採書凡一百種。《後集》分六十一門，所採書亦一百種。摭拾舊文，多資考證。惟分類瑣屑，頗有乖於體例。……此書已經改竄，非其舊目矣。』則是書與《四庫全書》所收爲同一種，其編纂上有浩博猥雜之譏，校刻上亦有粗疏舛誤之處。然而學者結合近年發現的《永樂大典》殘卷、臺灣影宋抄本等進行研究，認爲《永樂大典》殘卷之《千家詩話總龜》，自句法門至卷末之内容，以及門類、條目、排列順序與月窗本基本吻合，二者同出一源，并且《後集》之内容至少明初已存在，其價值不可忽略。

是書每半葉十一行，行二十二字，雙行小字同，四周單邊。白口，單魚尾。魚尾上方刻書名卷數，下方刻葉數。《前集》又分前八卷爲甲集，卷九至十七爲乙集，卷十八至二十七爲丙集，卷二十八至三十八爲丁集，卷三十九至四十八爲戊集。《後集》分卷一至十爲己集，卷十一至二十一爲庚集，卷二十二至三十爲辛集，卷三十一至三十九爲壬集，卷四十至五十爲癸集。正文每集第一卷卷首及卷尾題『增修詩話總龜卷之幾』，間有『某集（終）』。次三行題『龍舒散翁阮一閲宏休編』『黄明宗室月窗道人刊』『鄱陽亭梧程珖舜用校』。其餘各卷則無編纂校刻人姓名。有若干卷卷首及卷末僅題『詩話總龜卷之幾』。類目空三格，其下條目首行頂格，次行低一格刊刻。

此本藏書印有六枚：季氏傳經閣藏（《叙》、卷一、卷九、卷十八、《後集門類》，《後集》卷十一、卷二十二、卷四十，朱文長方）、趙氏元方（《叙》，朱文正方）、葛隆中印（《總目》，白文正方）、無悔齋藏（卷一，朱文長方）、北京市文物管理處藏書（卷一，朱文長方）、從吴館藏（卷八末，白文正方）。

詩話總龜叙

詩昉關雎詩話即稗官野史之類自王迹熄而詩寖微變至於漢魏極於盛唐其遺韻餘音直將與宇宙間山川為流峙也漢藝文志註稗為細纚王者欲知閭巷細瑣之言故立稗官關繫殆亦不小

淮伯王月甸嗜古學文其志慕東平

增修詩話總龜卷之一

龍舒散翁阮一閱宏休編

皇明宗室月窗道人刋

鄱陽亭梧程珖舜用校

聖製

太宗好文進士及第賜文書宴常作詩贈之景祐朝因以爲故事　仁宗在位四十二年賜詩尤多然不必盡上所作景祐元年賜詩落句云寒儒逢景運報德合如何論者謂質厚宏壯真詔旨也貢父詩話

李文正昉　太祖在周朝巳知其姓及即位用以爲相嘗語文正曰卿在周朝未曾傾陷人可謂善人君子故

月泉吟社

《月泉吟社》一卷，宋吴渭編。線裝二册。版框高16.8釐米，廣26.2釐米。

吴渭，字清翁，號潛齋，浦江人。嘗官義烏令，入元後退居吴溪，立月泉吟社。

是書第一册封面題『《月泉吟社》上，康熙精刻本』，書名葉題『小斜川重校本』。首録《序》云：『鐫此于家塾，庸以勖後人，且以志吾感也。是編所謂「重本」既不可得見，即正統間所刻鄭楷、張用叙者亦無復存，今世所傳，毛氏本而已。然歷七十餘年，版刻銷亡滅没，學者亦多未之見。因重梓以廣其傳第。此本亦小有舛譌，因取先世抄録善本，校正一二。前人著述中有涉及是書者，悉取附焉。匪敢爲清翁蛇足，亦使後之學者有所考證云爾。康熙丙申中秋日語溪宗後學寶芝瑞草氏識于南榮書屋。』知此本以毛氏本爲底本，又以抄録善本對校，又以相關書籍補充，爲清康熙丙申（五十五年，1716）吴寶芝刻本。

是書次録《月泉吟社總目》，題『浦陽盟詩潛齋吴渭清翁評定，語溪宗後學寶芝瑞草氏重校』，包括《舊序》一首、社約一則、題意三則、誓詩壇文一首、詩評一則、標名詩七十四首，又有摘句、賞格及送賞啓、諸人覆啓。《舊序》爲正德十年（1515）水南田汝耔叙，介紹《月泉吟社》之作者、成立緣由、初刻及重刻情况、版本、内容等。月泉吟社《送詩賞小劄》載：『月泉社吴清翁盟詩預於丙戌小春望日以「春日田園雜興」爲題，至丁亥正月望日收卷，月終結局收二千七百三十五卷，選中二百八十名，三月三日揭榜。』可知月泉吟社仿鎖院試士之法，以丙戌（至元二十三年，1286）小春望日命題，丁亥（至元二十四年，1287）正月望日收卷，入榜二百八十名。李東陽《麓堂詩話》云：『元季國初，東南人士重詩社，每一有力者爲主，聘詩人爲考官，隔歲封題於諸郡之能詩者，期以明春集卷。私試開榜次名，仍刻其優者，略如科舉之法。今世所傳，惟浦江吴氏《月泉吟社》。』又此本僅載前六十人七十四首詩，又附録句圖三十二聯，而第十八聯佚其名，蓋爲後人節録之本，而非完書。

是書每半葉十行，行十九字，雙行小字不等，左右雙邊。白口，雙魚尾。上魚尾上方刻『月泉吟社』，兩魚尾中間刻葉數。標名詩部分首刻『月泉吟社』，次行刻『浦陽盟詩潛齋吴渭清翁』，次刻『春日田園雜興』，次刻『律五七言四韻餘體不收』。次羅列第一名羅公福至第六十名之詩七十四首，每首詩後有點評。其詩風，李東陽《麓堂詩話》認爲『以和平温厚爲主，無甚警拔』，王士禎《池北偶談》則以爲『清新尖刻，別自一家』。是書編著特點在於『皆用寓名，而別注本名於其下。如第一名連文鳳，改稱「羅公福」之類』。關於使用寓名原因，《四庫全書總目提要》認爲『豈鳳等校閲之時，欲示公論，以此代糊名耶？』沈德潛則認爲其目的在於『自鳴其志』，或以明志，或以表情，或以自勉，或鄙夷時俗，或感慨身世等。

是書藏書印有：傅氏秘极（書名葉，白文正方）、順天傅氏長恩閣藏書印（扉葉，朱文正方）、華延年室校藏善本（《序》，朱文長方）、□百□茂臣氏之印信（《總目》，白文正方）、趙元方藏（《舊序》，朱文長方）、趙鈁（『第四十六名』葉，朱文連珠印）、海日廔（『第四十六名』葉，朱文正方）、葥子讀竟手識（《附録》末，白文長方）。

傅以禮（1827~1898），原名以豫，字戊臣，號小石、節庵學人。山陰（今浙江紹興）人，原籍大興（今河北）。專治明史，尤留意於南明史。非但本身爲著名藏書家、目録學家、史學家，且與當時之藏書家李慈銘、丁丙、陸心源、趙之謙等多有往來。藏書處有『長恩閣』『七林書屋』『華延年室』等，編有《長恩閣書目》三册，另有《七林書屋宋元板書跋》一卷。

月泉吟社

小斜川重校本

右月泉吟社一編舊傳主盟者爲吳清翁而相與評較者婺括間諸遺老也乃其説不一謂清翁延至方鳳吳思齊謝翺共爲之者黃灝也謂清翁聘臯羽獨司其事者李東陽也然讀臯羽集其往來浦陽詩文從無片語及此即爲臯羽作傳誌序文集者不下數十家其遺言佚事網羅畧盡而玆事獨不及即方吳兩家詩文亦畧不及此方作臯羽行狀亦不載玆事不識黃李云云何所据也大都黃去清翁不遠其耳目必真而西涯博洽必别有援据予生三世异辭之後而又晧記不廣載籍未

月泉吟社　序

淵穎吴先生集

《淵穎吴先生集》十二卷附録一卷，元吴萊撰。線裝六册。版框高 18.1 釐米，廣 26 釐米。

吴萊（1297~1340），字立夫，浦陽（今浙江浦江）人。《元史》有傳：『萊字立夫，集賢大學士直方之子也，輩行稍後於貫、溍。天資絶人，七歲能屬文，凡書一經目，輒成誦……延祐七年，以《春秋》舉上禮部，不利，退居深嫋山中，益窮諸書奥旨，著《尚書標説》六卷、《春秋世變圖》二卷、《春秋傳授譜》一卷、《古職方録》八卷、《孟子弟子列傳》二卷、《楚漢正聲》二卷、《樂府類編》一百卷、《唐律删要》三十卷、文集六十卷。他如《詩傳科條》《春秋經説》《胡氏傳證誤》，皆未脱稿。……私謚曰淵穎先生。』

是書每半葉十三行，行二十三字，左右雙邊。黑口，單魚尾。魚尾下方刻書名卷數及葉數。正文每卷卷首題『淵穎吴先生集卷之幾，門人金華宋濂編』，末題『淵穎吴先生集卷之幾』。小題空兩格，正文頂格刊刻。

此本首録胡翰《淵穎吴先生文集序》叙述刊刻始末：『門人宋濂懼其泯而不傳，乃彙次其詩文爲集若干卷，俾翰爲之序。烏乎！翰昔受教於先生，竊觀先生之所以用其心者，期以立乎天地之間，無愧於爲人焉耳，烏暇校一世之短長哉！故論而序之，信是集之不可不傳也。先生諱萊，字立夫。至正十有二年秋八月二十六日門人金華胡翰謹序。』次録劉基、胡助二人《淵穎吴先生集序》二篇。次目録。目録末有士謌跋：『先公之殁，至是蓋二十六年矣。中更兵燹之變，士謌恒負之以竄山谷間。然幸靈物撝訶，單牘片削皆無霣墜。今干戈稍定，士謌與第士謚年皆半百，筋力日衰，恐一旦即死，恐或致泯没，輒謀思有以刻諸梓。先公之門人唯金華胡翰仲由、宋濂景濂從遊爲最久。仲由遠寓太末，莫克致之。適景濂抱病家居，因槖其稿以屬焉。景濂遂摘其有關學術論議之大者，以所作先後爲序，備勒如上。餘未刻者，其多不啻三之二。物力單微而不能俱也。復繕謄之，以藏于家。……男前婺州路金華縣儒學教論士謂再拜謹識。金華後學宋璲謄寫。』可知此集爲吴萊門人宋濂所編，門人胡翰爲之作序，開雕於元至正十二年（1352），刻成於吴萊没後二十六年，即元至正二十六年（1366）。又《書林清話》『元刻書多名手寫』條載：『又元刊本元吴萊《淵穎吴先生集》十二卷云，刻於至正二十六年（1366），末有「金華後學宋璲謄寫」一行。璲工四體書，此書爲其手寫，古雅可愛，尤足珍也。』亦可證此。

此本又有多位名家手書題跋批語。扉葉有李兆洛識語：『《淵穎詩》有覆刻元本而文闕如。先生之文鉅麗雄放，直追秦漢，惜天不假年，未能成耳。《元文競》推四家而不及吴，非知言者也。抑以見傳本者少耶？是本有匏庵、白沙眉公、墨林諸圖記，可見明時已傳寶之。芙川持以見示，因借録一本。冀志古之士有轉刊而流布之者。道光乙未三月朔李兆洛識。』胡翰《序》末有『嘉靖丙戌秋日陳湻讀於雙桂軒』，是爲明代畫家陳淳（字道復）墨批。胡助《序》末有墨批『《淵穎集》傳本頗稀，此爲項氏天籟閣中舊物。余於己巳得之梁溪。庚午夏曝書，檢閲一過，漫書歲月。蒙叟書於榮木樓下。』則爲錢謙益手批。

此本朱痕累累，計有明清時代陳淳、項元汴、徐以寬、項聖謨、張岱、季振宜、錢謙益、王聞遠、翁方綱、金檀、李兆洛、黄丕烈、郁松年、張熊、凌淦、徐步瀛、金甸丞、李士銘、李士鉁、趙鈁、周叔弢等二十餘家藏書印。其中多有僞印，如陳淳、項元汴、項聖謨等家。此録全書鈐印如下。扉葉：兆洛之印（白文正方）；胡翰《淵穎吴先生文集序》葉：金星軺藏書記（朱文長方）、家在黄山白岡之間（白文正方）、秋夏讀書冬春射獵（白文方印）、方綱（朱文長方）、延古堂李氏珍藏（白文橢圓）、在處有神物護持（朱文正方）、項墨林父秘笈之印（朱文長方）、墨林（朱文長方）、陳道復（白文正方）、當湖徐步瀛眉似之印（朱文長方）；劉基、胡助《淵穎吴先生集序》葉：

太原叔子藏書記（白文長方）、蓮涇（朱文正方）、灌稼邨翁（白文長方）、項子京氏家藏（朱文長方）、北京市文物管理處藏書（朱文長方）、謙益（朱文長方）；目録葉：求古居（朱文正方）、復翁（白文正方）、黄丕烈印（白文正方）、蓉鏡（朱文正方）、清河伯子（右白文左朱文长方）、泰峰（朱文正方）、郁松年印（白文正方）、麋公（朱文長方）、眉公（朱文正方）、絶傚（白文正方）、項聖謨（朱文長方）、滄葦（朱文正方）、飛羽觴而醉月（白文正方）、開瓊筵以坐花（朱文正方）；卷一：晚院花留立春窗月伴暝（朱文正方）、子京父（白文正方）、項元汴印（朱文正方）、項氏家藏（白文正方）、覃谿（朱文正方）、記事珠（朱文長方）、人生一樂（朱文正方）；卷二：子京（朱文橢圓）、項氏家藏（白文正方）、項聖謨（朱文正方）、翁方綱印（白文正方）；後護封：曾在趙元方家（朱文長方）、十鐘萬印人家（白文正方）；卷三：覃溪（朱文長方）；卷四：子京父印（朱文正方）、方綱（朱文長方）、麋公（朱文長方）；卷五：徐氏以寬（朱文正方）、項聖謨（朱文正方）、水□無色（朱文正方）、覃谿（朱文正方）、告金樂石（白文長方）；卷五：項子京氏家藏（朱文長方）；卷六：項元汴印（朱文正方）；卷七：謙益（朱文長方）、麋公（朱文長方）、紅雨軒（朱文長方）；護封：趙鈁珍藏（白文正方）、一廛十駕（朱文正方）；卷九：徐氏以寬（朱文正方）、子京父印（朱文正方）、真味（朱文長方）、項聖謨（朱文正方）；卷十：項聖謨（朱文正方）、覃谿（朱文正方）、翁方剛印（白文正方）；卷十一：項子京鑒定（朱文長方）、屋角青山（朱文正方）；卷十二：覃谿（朱文正方）、凌淦字麗生一字礪生（朱文正方）、吴江凌氏藏書（朱文正方）、鈁（朱文正方）；附録葉：項墨林父秘笈之印（朱文長方）、叔弢眼福（朱文正方）、元方審定（朱文正方）；護封：鈁（朱文正方）、趙元方藏（朱文長方）。

淵穎詩有覆刻元本而文闕如先生之文鉅麗雄放直追秦漢惜天不假年未能成百元文競推四家而不及吳非知言者也柳以見傳本者少耶是本有匏庵白沙眉公墨林諸圖記可見明時已傳寶之　笑川持以見示因借錄一本冀志古之士有轉刊而流布之者道光乙未三月朔李兆洛識

淵穎吳先生文集序

太上有立德其次有立功其次有立言三者不同苟有一焉皆足以立乎天地之間而無愧於爲人矣自世之言者陋文章之習而高德行之士伸一人於千萬人之上其意將以繼夫末流之敝云爾非所以顯道神德行也古之聖人德脩於身矣而又欲天下皆如吾身之脩也豈惟天下皆如吾身之脩哉而又欲後世皆如吾身之脩也天下盡乎人矣吾身可以及之後世非止乎今也吾身烏得而及之是則吾德之所被而吾功之所樹者亦斬矣然聖人必欲使天下後世皆有以及焉則立言其可少哉六經聖人之文也所以爲天地立心爲生民立命爲萬世開太平者非細故矣由是以降苟非申韓之刑名管商之功利儀秦之捭闔孫吳之陰謀楊朱墨翟老莊釋氏之淫辭邪說則凡是非不詭於聖人者其於人

淵穎吳先生集卷之一　門人金華宋濂編

大游賦　并序

毗陵道士盛允升東游會稽聞其風神穎異神脉蕭爽盖
將自是而汗漫六合者也張君子長約同賦之賦用是成遂
題曰大游

夫何一高士兮獨曠視乎八區朝吾車兮咸館兮夕[illegible][illegible]
清都仰天路之迢遞兮狹陵陽而與俱遡剛風而顛倒景兮
浮沆瀣而噏青霞蜚廉起而前導兮豐隆使後驅橐蜺夭
蟜而為纓茀兮神鳳離褷以揭旟慨大游之所歷兮撫四海
其無家喈塵濁之不可以止息兮吾將抵乎崐崘之遺墟嗟
東轅之我蹶兮探宛委之嶔究帝禹告予以所藏兮發濤江
之漲雪登桐柏之嶄巖兮瞰赤城之巑巏飆蓬蹻而我欲徑
到兮岣嶁之明滅欻南轉而弭節兮過灊霍之層峰放盛

邊華泉集

《邊華泉集》八卷，明邊貢撰。線裝四册。版框高 17.4 釐米，廣 28.3 釐米。

此集收四古、五古、七古、騷體、樂府、歌行、五律、七律、五絶、七絶、排律、長短句、六言、箴、銘、頌、贊、詩餘共計一千二百七十八首。

邊貢（1476~1532），字廷實，自號華泉子，歷城（今山東濟南市）人。弘治九年丙辰科進士，歷官至南京户部尚書。以詩著稱，與李夢陽、何景明、徐禎卿并稱『弘治四傑』。加上康海、王九思、王廷相，合稱明代文學『前七子』。麻城李寵《序邊華泉先生集》盛贊：『公則悟妙上乘，體裁各備。蜿蜒錡礚，雄渾冲澹，見心之敦厚焉；精構遐思，意寓辭表，見心之温柔焉；撫物情質變態，悲人事之代禪，吊古今之異勢，感風俗之澆醇，見性之中和焉。真鴻才之妙擬，哲匠之冥造，公何克臻兹也！』實爲溢美之辭。《四庫全書總目提要》謂：『貢詩才力雄健，不及李夢陽、何景明善於用長；意境清遠，不及徐禎卿、薛蕙善於用短，而夷猶於諸人之間。無憑陵一世之名，而日久論定，亦不受世人之排擊。』清沈德潛《明詩别裁集》評：『華泉邊幅較狹，而風人遺韻，故自不乏。李、何、邊、徐并名，有以也。』

是書後序題『嘉靖戊戌夏五月望日歷下劉天民識序』，又每卷次行或題『郡人劉天民帝尹彙次』。《四庫全書總目提要》載：『然詩集爲貢没後其里人劉天民所編，時當嘉靖戊戌』，可知是書爲明嘉靖十七年（1538）刻本。

《目録》末有墨筆『庚辰人日前大雪閲完三卷』，卷一末有『司徒五古未見精詣，七古亦僅僅具體，安得與三家抗行』批語，卷三末有『五言律詩是司徒勝場，故録者過半』批語，卷四首有『庚辰人日閲』，卷六首有『庚辰穀日閲完』，卷七首有『庚辰人日雪中閲』，文中間有圈點正字，未審何人。

是書每半葉十一行，行二十字，雙行小字同，四周單邊。白口，單魚尾。魚尾下方刻書名卷數及葉數。正文每卷卷首題『邊華泉集卷之幾』，次行或題『郡人劉天民希尹彙次』，卷末又題『門人閻在邦達夫校勘』『邊華泉集卷之幾畢（終）』。詩體空一格，小題空兩格，詩文頂格刊刻，有序者序文空三格刊刻。小題之前間有解題説明詩旨，亦空三格刊刻。四古每首後亦空三格刊刻『幾章章幾句』。

此本藏書印有：延古堂李氏珍藏（《序》，白文橢圓）、非病齋（《序》，白文長方）、真契堂（《序》，白文正方）、一廛十駕（目録葉，朱文正方）、曾在趙元方家（目録葉，朱文長方）、總憲尚書（卷一、卷四，朱文正方）、北京市文物管理處藏書（卷一，朱文長方）、三善尚書（卷六、卷七，白文正方）。

序邊華泉先生集

余少時聞歷下有華泉邊公云公幼穎雋弱冠舉進士凡四晉秩奉常仕躋大司徒文望蔚起時海内聞人有若大復何公崆峒李公迪肖與公追還正始力振風雅三公者予悉未逮覯也何李二公集已流布宇内世共珍矣予昔任南太僕購公集弗得嘅公之集或逸也是年夏予竿遷司農郎奉使蒞東土覯公仲

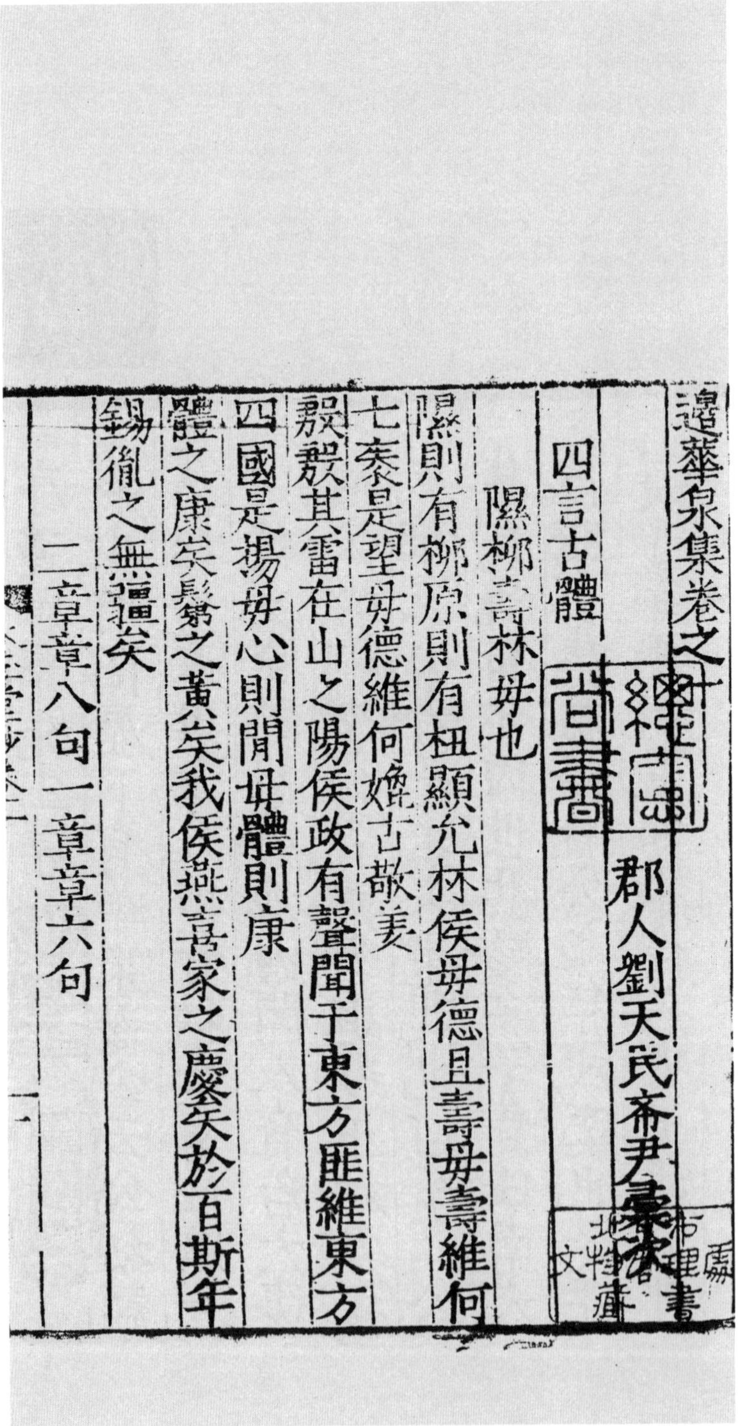

邊華泉集卷之一

四言古體

郡人劉天民希尹彙

隰桺壽林毋也

隰則有桺原則有杻顯允林侯毋德且壽毋壽維何

七袠是望毋德維何嬈古欽羡

㲉㲉其雷在山之陽侯政有聲聞于東方匪維東方

四國是揚毋心則閒毋體則康

體之康矣鬢之黃矣我侯燕喜家之慶矣於百斯年

錫徧之無疆矣

二章章八句一章章六句

六研齋筆記

《六研齋筆記》四卷，《二筆》四卷，《三筆》四卷，明李日華撰。線裝六册。版框高20.5釐米，廣26.7釐米。

李日華（1565~1635），字君實，號竹懶，又號九疑。浙江嘉興人。萬曆二十年（1592）進士，官至太僕寺少卿。時王惟儉與董其昌齊名，世稱『博物君子』，日華亞之。特工書畫，尤擅鑒定，喜收藏與刻書，有書齋和刻書齋『六研齋』，因藏名硯六方得名。著述甚豐，有《六研齋筆記》《恬致堂集》《味水軒日記》《紫桃軒雜綴》等。

是書《明史・藝文志》著録『李日華《六研齋筆記》十二卷』，《四庫全書總目提要》則稱『是書分爲三集，集各四卷。《明史・藝文志》作十二卷，蓋總而言之，其實即此三集也』。內容爲隨筆札記，多論書法名畫。《四庫全書總目提要》評其書『詞旨清雋，其體皆類題跋，蓋錦贉玉軸，瀏覽既久，意與之化，故出筆輒肖之也。其他所記雜事，亦楚楚有致。而每一真迹，必備録其題詠跋語，年月姓名，尤足以資考證』。唯考證多疏漏，爲王世貞《居易録》所譏，『大抵工於賞鑒而疏於考證。人各有能，有不能，取其所長，可矣』。

《六研齋筆記》第一册封面有藏書家趙鈁批語：『己卯庚辰間得此書，未之重視。其後得珍本亦多，遂益置之。今年書貴，而吾書亦垂空。暮春感寒疾，以之自遣。丙申清明無悔識。』《題辭》首葉版心下方有『倪應悌刻』字樣，考倪應悌，爲明天啓崇禎年間刻工。《二筆》第二册封面有『丙申春季元方自題』。此是明人書帕本，蓋自刻贈人以求利市者』。《二筆》前有崇禎庚午陳懋仁《序》、崇禎庚午王起隆《序》、錢塘門人魯得之《題辭》，《三筆》前有天啓丙寅秋仲豫章門人劉日曦《序》、崇禎甲戌武林横山江元祚《序》，可知此本爲明崇禎年間刻本。

是書封面葉有『李君實先生雜著』，著録《六研齋筆記》《六研齋二筆》《紫桃軒雜綴》《紫桃軒又綴》《墨君題語》《遊白岳紀》《蓬櫳夜話》《璽召録》《薊旋録》《畫媵正續》，共計十種。《筆記》首録譚貞默《題辭》，次正文。《二筆》《三筆》亦先録《序》和《題辭》，次録正文。每半葉八行，行十九字，小字單行同。四周單邊，白口。版心上部鐫刻書名及卷數，下部鐫刻葉碼。其版式略有不同：《筆記》《二筆》版心無魚尾，《三筆》版心書名卷數之間有單黑魚尾。正文每卷卷首行頂格題『六研齋筆記（二筆、三筆）卷幾』，次行題『古秀（檇李）竹嬾（懶）李日華著』，《三筆》卷三卷四題『古秀李日華君實甫著』，卷末題『六研齋筆記（二筆、三筆）卷幾終』。正文每卷有若干篇隨筆，每篇第一段首行頂格，次行以後低一格刊刻，引用書畫原有題詠或跋語則換段亦低一格刊刻。每卷二、卷四末題『孫男新枝、琪枝、昂枝仝校』，其中《六研齋筆記》卷二末葉爲手寫補葉。

《六研齋筆記》扉葉鈐有一朱文大方印，内容模糊難以辨別。《筆記・題辭》首葉及《三筆》劉日曦《序》葉鈐有『賈恩紱印』白文方印、『佩卿』朱文方印。

賈恩紱（1866~1948），字佩卿，河北鹽山縣人。光緒十六年入保定蓮花池書院，受業于桐城派大家吴汝綸。近代著名方志學家，編纂方志有《直隸通志稿》《鹽山新志》《定縣志》《河間縣志》《棗强縣志》等。

李竹嬾先生說部全書

六研齋筆記　[illegible]

六研齋二筆　[illegible]

紫桃軒雜綴　[illegible]

紫桃軒又綴　[illegible]

墨君題語　[illegible]

六研齋筆記卷一

古秀竹嬾李日華著

薛紹彭書法從蘭亭秀整綿密中入譬之道脉則中行之士也而變化雄桀之氣絶少是以不能不逐蘇米觀其監太清宮見二蘇上清詞悦之不自揮翰必求坡公書以入石則其伏膺眉山深矣今世稍窺筆法者必欲論著相排何其淺也

矢音集

《矢音集》十卷，清梁詩正撰。草裝二册。版框高19.2釐米，廣29釐米。

梁詩正，字養仲，號薌林，浙江錢塘人。雍正八年探花，授職編修，充《一統志》纂修官。雍正十年選入上書房，乾隆即位召爲南書房行走，官至東閣大學士，加太子少傅，卒贈太保，謚號文莊。先後參與修纂《欽定叶韻匯輯》《西清古鑒》《西清續鑒》《西湖志纂》《石渠寶笈》《秘殿珠林》等。善詩文，工書畫，有《質韋集》《矢音集》行世。

是書共分十卷，每卷收詩數量不等，計收録古今體詩九百二十首。大多爲應制之作，言辭古雅，韻律自然，寫景細緻而富禪意，詩風清越，盡描摹之能事。錢陳群《序》稱謂：『皇上御極至今二十年中，天章布濩不下萬有餘篇。成稿後，先生必恭繹彊記。每遇宣示，同直諸臣屬和，則先生已成誦矣。顧元韻渾若天成，諸臣學步，如神駿追風，駑馬躡後，立見顛蹶。……上每巡幸所指，先生必扈從屬車，故所得詩獨多記銕漿館畔、崧岱峰邊，西北之清涼醫巫閭諸山，東南之江淮明聖湖諸水。』裘曰修《序》謂：『處湖山佳勝之地，不以嘯傲歌詠爲樂，而以黼黻體明爲己任，其所嘉尚，又與閑居專一之士不可同日而語矣。』

是書扉葉有『清勤堂藏板』字樣，錢陳群序謂『歲壬申，群以抱疴，蒙聖慈，予假回籍調治，而先生亦以太先生春秋高，乞假侍養還武林。上賜詩以光自舍。先生於定省之暇，撿篋中詩若干卷，題曰《矢音集》，屬群爲之序。……群或未即填溝壑，尚當蘸筆循誦以附束皙之末云。乾隆二十年乙亥清和既望嘉興錢陳群』，裘序亦稱：『帝卷之隆于一時備有之，遂以定省餘暇銓次生平應制之作，付諸開雕。』門人馮浩《跋》題『乾隆壬申孟秋』，可知此書蓋梁詩正于乾隆壬申（十七年，1752）返杭後手定，爲乾隆二十年（1755）梁詩正清勤堂寫刻本。又封面有趙鈁朱筆批語『己亥元月得此，蓋賞其初印草裝也。上元日風和景融，花香撲面，閒窗弄筆，因題。無悔。』更可知此乃初刻初印本。

是書半葉十行，行十九字，詩題下有雙行小字注明創作年份。四周雙邊，白口，單魚尾。魚尾上方鐫刻書名，下方刻卷數及葉碼。正文每卷卷首題『矢音集卷幾』，次題『錢唐梁詩正薌林』。詩題中『恭和』『奉』等字單列一行，『御』『敕』『聖』等字皆另起一行頂格刊刻。詩作正文低兩格，詠畫之作每篇則低三格表明所詠圖畫所在葉數。書體端正秀氣，屬於清初軟體寫刻。

此書惟目録葉、卷五鈐有『吴義然號』朱文長方印記。

矢音集

清勤堂藏板

矢音集卷一

錢唐梁詩正薌林

恭和

御製咏禁中紅葉賦得霜葉紅于二月花以下丙辰

晴護祥烟

禁苑東斑斑霜葉綴杉楓千層瑤島初分豔一

抹琱窻正暈紅穠麗疊將霞帔色陶鈞奪得

女夷功上林雨露隨時渥摇落無愁度晚風

奉

勅題王原祁畫冊

詞致録

《詞致録》十六卷，明李天麟編。線裝八册。版框高19.9釐米，廣28.2釐米。

李天麟，字仲仁，一説字公振，山東濟南府武定州人。萬曆八年進士，官至監察御史、巡按浙江。著有《楚台記事》《詞致録》等。是書卷首温《序》云：『國家文明郁郁，士習彬彬，自經疏史傳及方技稗官，雖佛偈道詮與巷謡里曲，無難充棟，寧俟殺青。此文之備也，獨四六則無有品析而彙集之者。』可知其時文體均備，惟少駢文選本，此書乃補其缺。書以『詞致』名，蓋『取古致詞之遺也』。

此書《明史·藝文志》《天禄琳琅書目》《四庫全書總目提要》均著録爲十六卷。翁方綱《四庫提要稿》云：『所載皆詞命之文，分制詞、進奏、啓劄、祈告、雜著五門，中又各分小門，採自漢晉以至唐宋諸家集中之可備詞藻者，蓋爲上下酬答體式之用。』《四庫全書總目提要》云：『所採上自漢晉，下迄於宋，頗勝明末之猥濫。然意主於剽剟詞藻，仍餖飣之學耳。』按李天麟原《序》云：『昔之富麗也，尚因本根而生枝葉；今之富麗也，遂狗枝葉而忘本根。至於本根忘而四六滋病，余竊悼之，輒裒集唐宋諸名家，稍爲詮次，題曰《詞致録》，命之梓以示當世。以爲世道江河愈趨愈下，夫既不能使天下盡無雕鏤其枝葉，與三五比隆，但使之少存本根，不失四六之初意，則末流之濫觴，猶或可維十一於千百乎。』則其實以爲古今四六駢文有存本根與忘本根之别，而有回復駢文初意之宗旨，非專爲『剽剟詞藻』而作也。李氏自序云：『而余之刻《詞致録》也，至欲複乎四六之舊，豈不重可。嗟乎！若曰余之兹刻爲教天下以富麗，則孔氏之志亦荒矣。』可知撰者編是書之要旨在於糾正四六文風，故選輯前代四六文根葉并茂者，合而録之，而不以富麗爲工。

是書有關西温純《序》云『萬曆丁亥端陽日』，又有巡按浙江監察御史傅好禮《序》云『萬曆丁亥孟夏上浣』，古燕李天麟自《序》亦稱『萬曆丁亥午月』，又云『命之梓以示當世』，書末有豫章余良樞《序》、唐守欽《跋》亦題『萬曆丁亥』，可知是書爲萬曆十五年（1587）古燕李氏刻本。

是書目録葉署『巡按浙江監察史古燕李天麟彙輯，杭州府知府豫章余良樞、兩浙都轉運鹽使司同知莆陽唐守欽、杭州府同知南郡姜奇方同校』，卷十六末題『杭州府儒學訓導于文蔚、常自儆，錢塘縣儒學教諭李琛，仁和縣儒學訓導鍾應元，生員朱履、許次紓、俞伯臣、鄭栻、馬坤同校』，可知校勘之人。正文每半葉十行，行二十字，四周單邊，白口，單魚尾。魚尾上方鐫刻『詞致録』，下方鐫刻卷數及葉碼，版心下部以小字鐫刻刻工姓名。正文每卷卷首及卷尾題『詞致録卷之幾（終）』，次行題『某某門幾』，又次行題『某某類』。正文每行頂格刊刻，換段則換行重新頂格刊刻。書寫之人有蔡應扆、趙聯璧、楊樹聲（楊）、郭之屏、嚴士高、郁士奇、蔡承德等人，刊刻之人有陶坤、徐安、陶承教、俞亨、王典、余滔、朱軒、蔡孝、孫宗、史化、王時、孫宗（宗）、劉大郎（劉大、郎）、陳才、陳武、陸野、黄德明、趙惟孝、孫應科、夏尚容、夏雲、陶汝成、任正、陶莭（陶節）、夏大賓、史洪、徐志道、夏尚賓等人。

本書温純《序》葉鈐有『无竟先生獨志堂物』朱文長方印、『吴平齊讀書記』朱文方印。目録葉鈐有『曾在趙元方家』朱文長方印，卷一葉鈐有『歸安吴氏兩罍軒藏書印』朱文長方印、『北京市文物管理處藏書』朱文長方印。

張其鍠（1877~1927），字子武，號無竟，廣西桂林人，清末進士。熟讀經史，精研命理星象。早年任湖南知縣以及南路巡防隊、南武軍統領等，辛亥革命後投向直系軍閥吴佩孚，曾任廣西省長。著有《譚張遺迹》《墨經通解》《獨志堂别集》等。

詞致録序

今

國家文明郁郁士習彬彬自經䟽
史傳及方伎稗官雖佛偈道詮
與巷謡里曲無難究棟寧傒殺
青此文之備也獨四六則無有
品析而彙集之者侍御李君仲

吏蔡應辰寫

詞致録卷之一

制詞門一

冊文類

開元皇帝受禪制　唐内制

繼明嗣德王者所以承天尊祖奉先聖人所以崇孝敬上之禮著乎重華月朔之祠辭乎文命猗歟作頌發流濬哲之祥清廟升歌思表配天之業歷選前代可得而言我國家首出開元繼文曆統七代觀德至道洽於生人三后在天垂裕光於後嗣太上皇帝道超寰表功軼帝先名言不測於乾行仁智不知於日

趙聯驊寫

曝書亭集

《曝書亭集》八十卷，清朱彝尊撰；附《笛漁小稿》十卷，清朱昆田撰。線裝八册。版框高19釐米，廣26.5釐米。

朱彝尊（1629~1709），字錫鬯，號竹垞，又號醧舫，晚號小長蘆釣魚師，又號金風亭長。秀水（今浙江嘉興市）人。清代詞宗，『浙西詞派』創始人，與王士禎并稱『南朱北王』，與陳維崧并稱『朱陳』。著有《曝書亭集》《日下舊聞》《經義考》，編輯有《明詩綜》《詞綜》。朱昆田，字文盎，秀水人。朱彝尊之子，少有才名，工詩善書，一時有『小朱十』之稱。曾供奉内廷，又貶官，隨其父寓京師十年。後侍父於曝書亭，相互切磋經史，深得其父賞識。編撰有《三體摭韻》十二卷，補注《日下舊聞》，又與沈名蓀同編《南史識小録》《北史識小録》各八卷。鄭方坤《朱君昆田小傳》云：『文昂之詩才雄騖，吐故納新，無一字拾人牙慧，亦其耳濡目染、胚胎家學者深矣。』

是書首録康熙五十三年（甲午，1714）查慎行《序》云：『平生纂著者，曾兩付開雕。未仕以前曰《竹垞詩類》《文類》，序之者多一時名公巨卿、高材績學之彦。通籍後曰《騰笑集》，先生自爲序，并屬余附綴數言者也。晚歸梅會里，乃和前後所作，手自删定，總八十卷，更名《曝書亭集》。刻始于己丑秋，曹通政荔軒實捐貲倡助，工未竣而先生與曹相繼下世。賢孫稼翁遍走南北，乞諸親故，續成兹刻，斷手于甲午六月。於是八十卷裒然成全書矣。余里居無事，既分任校勘，稼翁復來乞序……自己未迄今三十六年，向之爲先生序集者，惟余在耳。則推原作者之意，以塞賢孫之請，固後死者之責也，其又敢辭！先生有才子名昆田，字西畯，先十年卒，有詩十卷。稼翁遵大父治命，附刻于後。』可知《曝書亭記》由作者手自删定《竹垞詩類》《文類》《騰笑集》而成，始刻於己丑秋，即康熙四十八年（1709），中間因作者朱彝尊及資助者荔軒實先後謝世而暫停，後由稼翁續刻，梓成于『甲午六月』，即康熙五十三年（1714）。内容除《曝書亭集》八十卷外，尚有朱昆田詩十卷附録於後。

是書次録『康熙戊子（四十七年，1708）仲春吴江潘耒序』，次録王士禛、魏禧、查慎行《原序》，次録曹爾堪、葉舒崇《詞原序》，次録柯維楨《蕃錦集原序》，次目録，目録末有『孫男桂孫、稻孫同校，曾孫男振祖、賜書覆校』。按文體分爲賦、古今詩、詞、書、序、跋、論、議、釋、説、策問、頌、贊、箴、銘、辭、零丁、答問、傳、記、題名、碑、墓表、墓誌銘、行狀、誄、哀辭、祭文。

是書每半葉十二行，行二十三字，雙行小字同。左右雙邊，白口，單魚尾。魚尾下方刻書名卷數及葉數。正文每卷卷首及卷尾頂格題『曝書亭集卷第幾』，次行題『秀水朱彝尊錫鬯』。正文文體低一格，小題低三格，詩文内容頂格刊刻。且以歲星紀年，如『柔兆閹茂』之類，於小題前一行低兩格刊刻。

附刻之《笛漁小稿》版式亦同。首録華亭高層雲序、嘉定張雲章序，目録後題『男桂孫、稻孫同校，孫男振祖、賜書覆校』。版心及正文每卷首尾題『笛漁小稿卷第幾』，正文次行題『秀水朱昆田西畯』。十卷總計共收古今詩四百九十五首。

《曝書亭記》藏書印有：研經博物（書名葉，朱文圓形）、玉暎堂圖書記（《序》，朱文正方）、無悔齋（《序》，朱文長方）、阮葵生讀書記（《序》，白文長方）、癸生（目録葉，白文長方）、吾山（目録葉，白文長方）、趙鈁（卷一，白文方印）、神思（卷一，朱文長方印）、環山（卷一、卷六、卷十六、卷二十八、卷三十九、卷五十一、卷六十四、卷七十六，朱文方印）、沈少祁印（卷六，白文方印）。《笛漁小稿》卷十末有：無悔齋校讀記（白文正方）。

曝書亭集

康熙戊午朝議修明史

天子愼選局僚

命在廷各舉所知明年己未特開自詔之科

親試體仁閣下擢高等五十人於是秀水竹垞朱先生由布衣除翰林檢討充史館纂修官其後十餘年間同時被用者多改官去或列顯要躋卿貳而先生進退迴翔仍以檢討終老論者以爲當史局初開時得先生者數輩專其任而責其成則有明一代之史必可成成亦必有可觀若以未盡其用爲先生惜者余獨謂立言垂世先生固自有其不朽者在而史局不與焉先生天資明睿器識爽朗於書無所不窺於義無所不析蓋嘗錯綜人物而比量之其博物如張茂先多識如虞祕監淹通經術如陸德明顔師古熟精史乘如劉知幾

曝書亭集卷第七十六

秀水 朱彝尊 錫鬯

墓誌銘三

孝潔姜先生墓誌銘

慈谿姜君宸英詩文傾折海内士
天子知其姓字然屢赴鄉試不見録也既而用薦入史館支
正七品俸纂修明史又分撰一統志月給餐錢衣儒生衣雜
坐公卿之次會 覃恩勅授文林郎贈考妣如其階歲在巳
巳冬刑部尚書總裁官崐山徐公乾學告歸 詔許以書局
自隨公上言引君自助於是君將還葬其考孝潔先生于夏
家嶴華盆山之陽妣孫孺人祔焉持狀請彝尊誌其墓誌曰
先生諱晉珪字桐侯别字卓菴先世自蜀遷于越居嵊縣再

笛漁小稿

《笛漁小稿》，十卷。清朱昆田撰。版框高19.0釐米，廣26.5釐米。

朱昆田，字文盎，秀水人。生於順治九年，卒於乾隆元年。朱彝尊之子，少有才名，工詩善書，一時有『小朱十』之目。曾供奉内廷，又貶官，隨其父寓京師十年。後侍父於曝書亭，相互切磋經史，深得其父賞識。編撰有《三體摭韻》十二卷，補註《日下舊聞》，又與沈名蓀同編《南史識小録》《北史識小録》各八卷。鄭方坤《朱君昆田小傳》云：『文昂之詩才雄騖，吐故納新，無一字拾人牙慧，亦其耳濡目染、胚胎家學者深矣。』

是書附於朱彝尊《曝書亭集》後刊行。《曝書亭集》有康熙戊子潘耒序，康熙五十三年查慎行序。王士禛、魏禧、查慎行、曹爾堪、葉舒崇、柯維楨舊著原序。象贊，目録。卷尾陳廷敬撰傳。《笛漁小稿》目録後題『男桂孫、稻孫同校，孫男振祖、賜書覆校』。可知是書當爲朱稻孫刊行於康熙五十三年。

是書每半葉十二行，行二十三字，左右雙欄。白口，單魚尾。版心題『笛漁小稿卷之幾』，下方刻葉數。正文每卷卷首頂格題『笛漁小稿卷第幾』，第二行空十一格題『秀水　朱昆田　西畯』。正文小題空三格，正文頂格，自注雙行小字。每卷末正文空一行題『笛漁小稿卷第幾』。

第一卷收古今詩五十首，第二卷收古今詩四十七首，第三卷收古今詩三十首，第四卷收古今詩四十四首，第五卷收古今詩七十一首，第六卷收古今詩六十七首，第七卷收古今詩五十三首，第八卷收古今詩五十八首，第九卷收古今詩三十九首，第十卷收古今詩三十六首。總計共收古今詩四百九十五首。

卷十末有藏書印『無悔齋校讀記』（白文正方）。

笛漁小稾

笛漁小稾卷第一

秀水　朱昆田　西畯

西湖

水仙祠宇没平蕪寶所山園異給孤白塔亂堆歌舞地青山舊繞帝王都好風昨日又今日新漲外湖連裏湖安得六橋重插柳飛花徧撲酒家壚

登康山

五三六點社公雨二十四橋商女樓我上康山高處望鰣魚綱已發瓜洲

劉撫軍席上咏珍珠泉二首

石家銑谷三斛漢苑金莖一盤可惜廉泉明瑟主人不愛珠官

元寶媒

《元寶媒》二卷，清周稺廉著，署『可笑人填詞』。線裝二册。正文版框高19釐米，廣27.2釐米。插圖版框高19.7釐米，廣27.8釐米。上卷前序言缺若干葉，惟存范纘序最後一葉。

周稺廉（約1666~約1694），名一作汝廉，字冰持，號可笑人，江南華亭人。周茂源孫。國子監生，屢試不第，牢騷以死，年二十九。嘗於文會作《錢塘觀潮賦》，博得才名，王士禛評曰『下筆千言，悠悠忽忽，迹類清狂』。性放浪不羈，衆皆目爲狂士。康熙二十八年，交洪昇於揚州，又與同郡范纘合稱『周范』。著有《容居堂詞》《珊瑚玦》《元寶媒》《雙忠廟》傳奇。《乾隆江南通志》卷一六六記其事較詳。

是書爲《容居堂三種曲》之一，清康熙間書帶草堂刻本。每半葉九行，行十九字，四周單邊。白口，無魚尾。版心上方刻『元寶媒卷幾』，下方刻葉數。正文每卷卷首頂格題『新編元寶媒傳奇卷幾』，第二行空十一格題『可笑人填詞』，卷末最後一行題『元寶媒卷幾終』。正文齣目空兩格，正文頂格，唱詞空一格。

范纘序云：『後舉動如何，得無不事生産，原屬貧人常態，一擁高資，便不能復歌渭城耶？請以質之周郎。』①上下卷正文前均有版畫一葉。卷上版畫背面題『有怨除非吾輩報』，落款題『水艸道人』，鈐印『貧俠』（白文正方）。卷下版畫背面題『我不叫誰人叫』，落款題『南邨』，鈐印『虎』（白文正方圖文印）。

① 據《小説考證》『元寶媒第一百三十九』所録范武功序可知，此段文前有缺頁。蔣瑞藻著，蔣逸人整理《小説考證》，浙江古籍出版社，2016，第194頁。

藏書印有：范纘序末：武功（朱文葫蘆形）、范纘之印（白文正方）；上卷正文首葉：北京市文物管理處藏書（朱文長方）、曾在趙元方家（朱文長方）；下卷正文首葉：人生一樂（朱文正方）。

范纘（1651~1710），字武功，一字小范，號笏溪，别號雞窠老人，婁縣人。年十五侍其父范宏，曾頗得吴偉業嘉賞。既長，爲太學生，於學無所不窺，工詩詞駢文，與邑人周稚廉齊名。曾與錢芳標等人倡興詩餘，專攻小令。《松江詩話》稱其『詩詞劖鉥生新，巧不可階』。有《四香樓集》。

後學動如何得無不事生產原屬貧人常態一擁高貴便不能復顧渭城耶請以質之同郎

同學弟范鑽表功氏題于

南都之小广

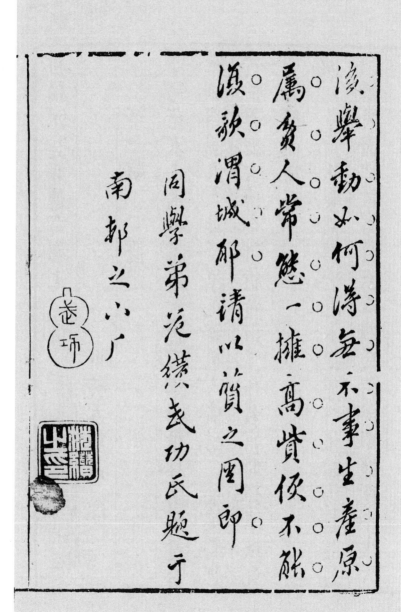

新編元寶媒傳奇卷上

可笑人塡詞

第一齣　優述

蝶戀花末上萬事盡爲元寶壞棒喝隨身講個貪嗔
戒劉四罵人人莫怪筆花難把人情耐　攘攘熙熙
貪世界盤古傳今誰衍貪財派命若富時揮不敗乾
坤幾個能爲丐

滿庭芳博採梨園廣稽院本從無丐化衝場蠶叢另
闢嬉笑盡文章路救淑珠劉氏侍半車寵壓平康大

元寶媒　上　一

一笠庵四種曲

《一笠庵四種曲》，包括《一捧雪》《人獸關》《永團圓》《占花魁》四種傳奇，每種均分上、下兩卷，明末清初李玉撰，題『蘇門嘯侣筆』。其中，《人獸關》《永團圓》用墨憨齋重訂本。綫裝八册。版框高19.5釐米，廣28.5釐米。

李玉，字玄玉，一作元玉（避康熙帝玄燁諱改），自號蘇門嘯侣，書舍名爲一笠庵，人稱『一笠庵主人』，蘇州吴縣人。明末清初戲曲作家。他出身低微，但好學進取，至明末始得中副貢，入清後絶意仕進。平生雅好詞曲，嫻於音律，專事戲曲創作。一生作傳奇四十二種，至今尚存十八種。與蘇州本地的朱皠、朱佐朝、葉時章、邱園等劇作家多有來往，創作傾向相近，影響較大，戲劇史名其爲『蘇州派』。并曾與朱皠參訂徐慶卿和鈕少雅的《北詞廣正譜》，協助張大復編《寒山堂南曲譜》，協助沈自晉編《南詞新譜》。

是書爲清乾隆五十九年（1794）蘇州寶研齋刻本。首録吴門揆八愚序，序末鈐印『臣揆私印』（白文正方）、『八愚子』（朱文正方）。每卷卷前有該卷目録，後爲正文。每半葉八行，行二十一字，念白雙行小字，左右雙欄。白口，無魚尾。版心上方刻傳奇名及卷幾，下方刻葉數。《一捧雪》《占花魁》二種，正文每卷卷首頂格題『一笠庵新編（傳奇名）傳奇卷幾』，第二行空十四格題『蘇門嘯侣筆』，卷末題『一笠庵新編（傳奇名）傳奇卷幾終』，正文頂格。《人獸關》《永團圓》二種，正文每卷卷首頂格題『墨憨齋訂定（傳奇名）傳奇卷幾』，第二行空十二格題『蘇門一笠庵新編』，第三行空十二格題『同郡龍子猶竄定』，卷末末行題『墨憨齋訂定（傳奇名）傳奇卷幾』，正文頂格。

此本有藏書印數枚。序首葉有：趙元方藏（朱文長方）、曙雯樓藏（朱文長方）。四種傳奇卷上、卷下目録首葉均有：望緑陰齋（朱文長方）。卷上、卷下正文首葉有：慕歌家世（朱文正方）、北京市文物管理處藏書（朱文長方）。

鄭騫（1906~1991），字因百，一字穎白，號灌隱、玄暉上人，祖籍遼寧鐵嶺，生於四川灌縣。中國古典詩詞戲曲研究家。畢業於燕京大學，曾先後執教於燕京大學、北京大學、暨南大學等。1948 年赴臺，任臺灣大學中文系教授。曾對元雜劇的存佚做過統計，提出重編元劇總目計劃。編纂有《北曲新譜》《北曲套式匯録詳解》，著有《景午叢編》《友淵述學》。藏書印有：曙雯楼藏、望緑陰齋、慕歌家世。

序

天下難化彼者鄉僻而其尤難化彼者鄉僻之愚氓以彼書詩未讀性靈未發遽以三綱五常爲之教以化之慮其扞格而不相入也然亦有無難者道在以古來忠孝節義之爲善惡報應之昭彰者繪其形容狀其笑語以演示之使之觀感而已能感則發乎性動乎情見顯榮則欣羨見憂戚則矜憐見良善則羣慕見凶惡則忿懟其演之者雖不專爲鄉愚而設而觀之者於鄉愚尤

一笠菴新編一捧雪傳奇卷上

蘇門嘯侶筆

談槩末上

木蘭花抑鬱狂歌、擊壺長嘯、英雄空與天公鬧、買青山學種瓜、尋溪碧水閑垂釣、撚斷吟髭、敲殘詩料、虛夸嚼破墳典、焰半生、夢繞浣花溪、一聲響徹陽春調、鳳凰臺上憶吹簫、莫氏無懷豪門、誤引奸人、默獻珍瑤、豈騰那掇賺、醉濺根苗、堪恨讒挑搜、邸掛冠去薊鎮擒

堯峰文鈔

《堯峰文鈔》五十卷，清汪琬撰，清林佶編。綫裝六册。版框高20.5釐米，廣27.6釐米。

汪琬（1624~1691），字苕文，號鈍庵，初號玉遮山樵，小字液仙。晚年隱居太湖堯峰山，學者稱『堯峰先生』。長洲（今江蘇蘇州）人。順治十二年進士，康熙十八年舉博學鴻詞科，歷任户部主事、刑部郎中、編修。著有《堯峰文鈔》《鈍翁前後類稿》等。

是書扉葉題『宋大中丞鑒定』，首録康熙癸酉（三十二年，1693）二月商丘宋犖《序》謂：『吴門汪鈍翁先生未卒前數月，手所刻前後類稿重加汰存，爲詩十卷、文四十卷，題曰《堯峰文鈔》。刻未成而歿。堯峰，先生所隱居也，後三年刻成。』

又有癸酉春正月惠周錫《序》謂：『《堯峰文鈔》五十卷，候官林佶所手鐫以鏤板者也……因取前後稿互相參訂，蓋去前者十之二三，而益以晚年文字數十篇。』又每卷末題有『康熙某年林佶寫（録）於何處』，如卷一末題『康熙庚午冬十二月除日林佶敬録於樸學齋』，卷二末題『康熙辛未正月十三日林佶録於樸學齋』，卷三末題『康熙辛未三月林佶録於荔水莊』，卷四末題『康熙辛未三月廿五日林佶録於荔水莊』，卷五末題『康熙辛未四月舟泊建州城下録』，卷六末題『康熙辛未四月既望録於柘城林佶識』……卷三十九題『康熙壬申六月廿一日荔水莊中寫』，卷四十題『康熙壬申夏六月二十四日荔水莊寫林佶識，吴郡程際生刻』，可知此本爲林佶或手寫於樸學齋，或於荔水莊，或於羈旅途中，自康熙庚午（二十九年，1690）冬十二月起，至壬申（三十一年，1692）夏六月寫成，并由吴郡程際生刊刻。可知此《堯峰文鈔》爲汪琬未卒前數月手自删定，由林佶手鐫以鏤板，爲清康熙三十二年林佶寫刻本。

《堯峰文鈔》分詩十卷、文四十卷。詩目録分爲古體詩、今題詩，文鈔目録分爲騷、賦、雜文、經解、論、問、碑、誌銘、記、序、書、傳、題跋等。是書每半葉十三行，行二十五字，雙行小字同。左右雙邊，闊黑口，單魚尾。魚尾下方刻書名卷數及葉數。每卷卷首及卷尾題『堯峰文鈔卷幾（終）』，下題『門人候官林佶編』。詩體空一格刊刻，并小字注明篇數。如有幾首詩合題則空兩格刊刻，此時小題空三格；若無，則小題空兩格。詩作正文頂格刊刻。

是書藏書印有：鄂卓爾熙棟字輔臣一字東木乙酉生（詩目録葉，白文長方）、東木藏本品（詩目録葉、文鈔卷二十五，朱文正方）、綏福堂（詩目録葉、文鈔卷十七、卷二十五，朱白合文正方）、元方藏書（詩目録葉，朱文長方，疑僞）、元方（詩目録葉，朱文正方，疑僞）、熙棟珍藏（詩卷一、文鈔目録葉、卷九、卷十七、卷二十五，朱文正方）、東木讀過（詩卷一、文鈔目録葉、卷九、卷十七、卷二十五，朱文正方）。

宋大中丞鑒定

嶤峰文鈔

堯峰文鈔目錄　　門人侯官林佶編

卷一

古體詩一

擬唐人詩八首

陳正字子昂感遇　　李翰林白飲酒

王右丞維飯僧　　崔員外顥游俠

儲侍御光羲樵與　　王龍標昌齡塞上

孟襄陽浩然待友　　韋左司應物寄舊

精衛操

子夜歌二首

子夜變歌

采蓮曲二首

登鄧尉山

碧簫詞

《碧簫詞》五卷，清張塤撰，盛曉心輯。線裝二册。版框高18.4釐米，廣28.2釐米。

張塤，字商言，一字商賢，號瘦銅、吟薌，吴縣人。乾隆三十年舉人，三十四年進士，官内閣中書、景山學宫教習。三十八年，入四庫館任編校。工詩善書，生平與沈德潛、蔣士銓、趙翼、戴震、畢沅、翁方綱相友善。纂有《（乾隆）興平縣志》《（乾隆）扶風縣志》，著有《太白山志》《張氏吉金貞石録》《扶風金石録》《興平金石志》《竹葉庵文集》。袁枚《隨園詩話》：『吴門張瘦銅中翰，少與蔣心餘齊名。蔣以排奡勝，張以清峭勝，家數絶不相同，而二人相得。』王昶《蒲褐山房詩話》：『商言才情横厲，硬語獨盤。後乃學於山谷、後山。沿於文長、中郎打油釘絞之習，時露行墨間。』

盛曉心，字雲思，號捧霞，江蘇長洲人。諸生，與張塤、王璐以詞相唱和。乾隆二十二年（1757）在世，卒年三十餘歲，著有《拗蓮詞》四卷。

是書爲作者《竹葉庵文集》出版前初刻單行之本。版心下有『四雨莊』三字，知爲乾隆間四雨莊刻本。據沈德潛序末時間『乾隆丙子』知，此書約刻於乾隆二十一年後不久。

是書每半葉八行，行十八字，四周單邊，白口，無魚尾。版心上方刻『碧簫詞』，中刻卷數及葉數，下方刻『四雨莊』。正文每卷卷首頂格題『碧簫詞卷幾』，第二行空八格題『吴縣張塤商言著』，第三行空八格題『同郡盛曉心雲思輯』，卷末末行題『碧簫詞卷幾終』。正文詞牌空二格，小題空三格，正文頂格。

是書首録沈德潛序，次録自序，次録汪俊、薛雪、葛丙、孫見龍、鄭廷暘、蔣士銓、叔兑和題詞。每卷卷前有目録。卷一收一百零八首，卷二收七十五首，卷三收七十首，卷四收五十二首，收五首并套曲一套。

是書有藏書印數枚。書名題簽下有：行有恒堂藏書（朱文正方）；扉葉有：剛父金石文字之記（朱文長方）；自序葉有：趙元方藏（朱文長方）；卷一首葉有：剛盦審定（白文正方）、行有恒堂藏書（白文正方）；卷五末葉有：無悔齋校讀記（白文正方）。

載銓（1794~1854），號筠鄰主人，室名『行有恒堂』『恒堂』『世澤堂』等。高宗第一子定安親王永璜之曾孫，定親王奕紹第一子，嘉慶二十一年封二等輔國將軍，道光十六年襲定郡王，咸豐三年加親王銜，曾任工部尚書、步軍統領，終年六十歲，卒謚敏。協辦大學士湯金釗稱其詩：『樹義正大，寄興高遠，煉詞新警，用筆健捷，非苟爲逞妍摛藻者。』

曾習經（1867~1926），字剛甫，一字剛父，號剛盦、蟄公，别號蟄盦居士。廣東揭陽人。光緒十四年入廣州廣雅書院，次年舉人，十六年進士。初任户部主事，官至度支部左丞，兼任法律館協修、大清銀行監督、税務處提調等職。民國政府曾三次聘請其出任財政部長、廣東省長之職，堅辭不受。工詩詞，著有《蟄盦詩存》《秋翠齋詞》等。性喜藏書，藏書處名『湖樓』，曾編有《揭陽曾氏湖樓藏書目》，今已佚。藏書印有『曾習經印』『秋翠齋』『湖樓』『湖民』『剛盦』『蟄盦藏書』等。

序

長洲友人沈德潛碻士

詞學備於宋而浙東西尤甚錢唐則張炎仇遠秀州則呂渭老永嘉則盧祖皐四明則吳文英國朝曹侍郎倦圃朱檢討竹垞相與倚聲於長水一時名流從而和之兩越之詞聞於天下張子商言移家於吳其先越人也工爲詞夫詞之爲道其辭微其旨遠詩所難於達者假閨房兒

碧簫詞卷一

吳縣張塤商言著
同郡盛曉心雲思輯

十六字令

夢

卿窗竹寒梢打一驚人何處半醒喚芳名

樓

樓望見江南江北愁無船渡花滿鷺鷥洲

圖書在版編目(CIP)數據

中國社會科學院世界宗教研究所文博館珍藏古籍圖録/金延林編著. -- 北京：社會科學文獻出版社，2017.12
ISBN 978-7-5201-0970-3

Ⅰ. ①中… Ⅱ. ①金… Ⅲ. ①古籍 - 圖書目録 - 中國 Ⅳ. ①Z838

中國版本圖書館CIP數據核字（2017）第121151號

中國社會科學院世界宗教研究所文博館珍藏古籍圖録

編　　著 / 金延林

出 版 人 / 謝壽光
項目統籌 / 宋月華　李建廷
責任編輯 / 李建廷　衛　羚

出　　版 / 社會科學文獻出版社・人文分社（010）59367215
地址：北京市北三環中路甲29號院華龍大廈　郵編：100029
網址：www.ssap.com.cn
發　　行 / 市場營銷中心（010）59367081　59367018
印　　裝 / 三河市尚藝印裝有限公司

規　　格 / 開　本：787mm×1092mm 1/16
印　張：19.5　字　數：294千字
版　　次 / 2017年12月第1版　2017年12月第1次印刷
書　　號 / ISBN 978-7-5201-0970-3
定　　價 / 98.00圓

本書如有印裝質量問題，請與讀者服務中心（010-59367028）聯繫